在押人员心理健康指南

吉春华　张洪彬　王健丽 ◎ 主编

中国法制出版社
CHINA LEGAL PUBLISHING HOUSE

序言

我国监狱系统对服刑人员开展的心理帮助与指导比较早,也有一些成熟的经验,针对服刑人员心理健康方面的书籍也比较多,对于更好地服务服刑人员的教育改造起到了重要作用。但至今在国内针对在押人员心理健康方面的教材与书籍却很少见。其实,在押人员的心理健康问题更为明显,当一个自由人被限制人身自由,从一个自然人到犯罪嫌疑人、被告,最后可能沦为囚徒,他们走过的是怎样的心灵之路,他们的心理变化可谓翻天覆地。如果不加强这个时期的心理健康教育与心理疏导就会出现许多心理疾病,严重的会影响案件的侦破和审判,甚至出现自残自杀的现象。

《在押人员心理健康指南》就是专门为这部分人写的,本书通俗易懂,立意新颖,实用性强,可读性强,既详细阐述了在押人员应该掌握的心理学、心理健康知识,又系统分析了在押人员的心理结构,阐述了在押人员可能存在的犯罪心理的形成过程及如何培养健康心理并逐步消除犯罪心理等问题。此外,本书结合了在押人员生活实际指出了如何进行自我心理调节的方法,具有很高的使用价值。

本书的内容具有如下几个显著特点:

1. 以事明理,以情感人,以理服人,可读性强。笔者不是站在批评、教育的立场上,没有大道理,而是站在心理咨询师的角度,站在在押人员的角度,客观地分析各种心理问题产生的极限，使在押人员在启发中达到自觉领悟、自我调节心理的目的。

2. 本书首次把犯罪心理作为心理不健康的一种表现形式来认识。通过和在押人员一起揭示犯罪心理的产生、犯罪行为的发生机制，使在押人员对自己可能存在的犯罪心理和行为达到醒悟，从而实现自觉、主动消除犯罪心理。这种观点虽然还值得进一步研究，但是很有理论意义和实践价值，是很独到的，在押人员读后定会有所收获。

3. 本书在在押人员自我心理调节和心理健康的维护上下了重笔。书中不仅对在押人员在押期间可能遇到的问题提出了自我调解建议，还对特殊人群如老、弱、病以及女性在押人员等提出很好的建议，针对在押人员经常出现的影响情绪的问题如婚姻、人际关系等，也从客观角度帮助在押人员进行分析，有利于在押人员理性对待这些问题。书中对特定情绪问题如愤怒、自卑等的产生机制进行了分析，帮助在押人员及时有效地控制不良情绪，维护健康心理，培养健康人格。

4. 本书文字表达充分考虑到读者对象特点，通熟易懂。书中尽可能避免使用专业名词术语概念，用通俗的语言讲解了心理健康知识，适合在押人员阅读和理解。

5. 本书体例设计新颖。书中叙述专业知识的同时，穿插一些故事、事例等，增强了趣味性、启发性，增强了可读性。

本书的出版有助于在押人员更全面地掌握心理学、心理健康知识、提高对犯罪心理、犯罪行为的认识，从而帮助最终被判有罪的在押人员更好地认罪悔罪、主动改造。这是一本专业性较强，又通俗易学的好教材，笔者相信在押人员通过对本书的学习，不仅能掌握许多心理健康方面的知识，学会自我调节，避免出现各种不良的心理疾病，而且对今后的人生也会产生重要的积极影响。

目录

第一章 心理常识——你注意过这些心理现象吗

第一节　心理现象 /3
第二节　心理发展过程 /11
第三节　道德认知发展阶段 /16
第四节　心理活动过程及影响因素 /22

第二章 心理健康水平的划分——你的心理健康吗

第一节　心理健康水平的划分 /29
第二节　心理正常与心理异常的区分 /32
第三节　心理健康的标准 /37
第四节　心理不健康水平的分类 /43
第五节　常见的精神障碍 /47
第六节　心身疾病 /58
第七节　躯体疾病引发心理及行为问题 /65

第三章 犯罪心理与犯罪行为

第一节　犯罪心理的产生 /71
第二节　犯罪行为的发生 /82

第三节 心理与行为问题的发生机制 /87

第四节 犯罪行为发生的 ABC 理论 /95

第四章 影响在押人员的几种不良心理

第一节 在押人员的不良认知 /103

第二节 在押人员的不良情绪 /108

第三节 在押人员的不良意志品质 /113

第四节 服刑期间的不良行为习惯 /118

第五章 老弱病残妇等特殊人员的心理及调适

第一节 老年期在押人员心理特点 /125

第二节 残疾在押人员的心理特点 /130

第三节 疾病患者在押人员心理特点 /133

第四节 老弱病在押人员心理健康维护 /136

第五节 女性在押人员的心理特点及调适 /146

第六章 在押人员情绪自我调节

第一节 理性情绪行为疗法 /155

第二节 认识情绪 /162

第三节 常见不良情绪的自我调节 /168

第四节 在押人员常见问题的解析 /177

第五节 自我调节小方法 /190

第 一 章

心理常识
——你注意过这些心理现象吗

第一节 心理现象

在春暖花开的季节，当阳光透过铁窗洒满你的全身，你觉得温暖；春风拂面，如母亲的手抚摸着你，你会觉得清爽惬意；当你听到枝头小鸟的叫声，闻到花坛中散发出的阵阵花香，看到翠绿的花草树木时，这些温暖、清爽、声音、香气、翠绿等，就是通过你的感觉器官得到的各种感觉。感觉是人脑对直接作用于感觉器官的客观事物的个别属性的反映。人的感觉器官主要有鼻子（嗅觉）、耳朵（听觉）、舌（味觉）、眼睛（视觉）、身体（触觉）。

在这些感觉的基础上，从当前你亲身接触到的事物中，你一一辨认出这是阳光，那是风，这是小鸟，那是花，这些就是人们对事物的知觉。知觉是人对事物的各种属性、各个部分以及它们之间关系的综合的、整体的直接反映。

当你看到这一派暮春的景色，你也许自然而然地想起过去，这就是记忆。记忆是过去经验在头脑中的反映。

又如，当你早上醒来，推窗四望，见阴云密布，燕子低飞，你由此推知：快要下雨了，这是你开动脑筋进行思维的结果。思维是人脑对客观事物本质属性与规律的间接、概括的反映。人是万物之灵，就是因为人能透过事物的外部现象认识到事物的本质，认识到事物之间的内在联系。

我们不仅能直接感知事物，记住过去感知过的事物，我们还可以在感知、记忆、思维的基础上，在头脑中加工形成一种新的事物形象，这种新的事物形象就是想象的结果。想象是人对以往旧的形象进行加工改造创造出新形象的过程。春去夏来，本来只是一种自然现象，诗人却把这季节的更替描绘成"风雨送春归，飞雪迎春到"，这便是出于诗人的想象。失去自由的你也许会憧憬着回归社会的那一天，憧憬着如何拼搏成为一个被社会认可、一个受大家欢迎的人，这也是你的想象。想象和思维是一种高级的认识过程。

我们要感知某一事物、记忆一件往事、思考一个问题，通常都要求集中我们的注意，这样才能使我们更好地看清它、听清它、记住它或回忆它，并想出有效的解决问题的办法来，这就是注意。注意是心理活动对一定对象的指向和集中。

感觉、知觉、记忆、思维、想象等心理活动是我们在日常生活、学习、劳动以及其他实践活动中经常发生的认识活动，都是反映对现实的认识方面的心理过程。而注意则是伴随在心理过程中的一种心理特性，是心理过程的动力特征之一，但不是独立的心理过程，而是始终伴随着心理过程的心理现象。

有人打你、骂你，你会生气、愤怒；家里来人接见送物品，你会高兴。人们在认识客观事物的过程中，总是表现出一定的态度和倾向，这就是情绪和情感的表现。情绪总是和一定的行为表现联系着，如生气时脸通红，悲伤时会流泪，高兴时手舞足蹈。人的道德感、理智感、灵感等也都是情绪和情感的具体表现。

羁押过程是一个痛苦的过程，从一个自由人到犯罪嫌疑人、到被告，最后可能变成社会的罪人并入狱改造服刑，这个过程虽然痛苦，但也孕育着希望，是一种新生活的开始。在新生的过程中每一个人都应该有新的目标、新计划,要坚持不懈地克服"新生"过程中的各种困难,不断与旧有的行为习惯、价值观、人生观进行斗争,才能达到脱胎换骨的目的,这类活动叫意志行动。意志是有意识地确立目的,调节和支配行动,并通过克服困难和挫折实现预定目的的心理过程。受意志支配的行动即意志行动。有些行动是习惯性的、无意识的,如头皮痒了伸手去挠一下,这样的行动不是意志行动;有些行动虽然有意识、有目的,但可以自然而然地完成,没有困难需要克服,像吃一顿饭、玩一会儿游戏,这些行动也体现不出人的意志,所以也不算意志行动。只有有目的并通过克服困难和挫折实现的,即受意志支配的行动才是意志行动。

认识、情绪、情感和意志统称为心理过程。

各种心理现象在每个人身上产生时,又总是带有个人特点的,有人思维敏捷,有人思维迟缓;有人喜动,有人喜静;有人脾气暴躁,有人脾气温和;有人待人冷漠,有人待人和蔼;有人善于运算,有人善于文辞等。这些在一个人身上表现出来的比较稳定的心理特点构成了这个人的个性。这些个体差异的表现被称为个性心理特征,它包括能力、气质和性格三个方面。

能力是顺利、有效地完成某种活动所必须具备的心理条件,比如,画家具有的色彩鉴别力、形象记忆力等,都叫能力。它是个性心理特征的综合表现。能力分为两类:一类是普通能力,它是人的基本心理潜能,是决定一个人应对问题水平高低的主要因素,当然每一个人的能力大小是不同的,如在观察力、记忆力、抽象概括力等方面,虽然人人都有但有区别;另一类是特殊能力,它是保证人们完成某种特定作业所必需的潜能,如数学能力、音乐能力、飞行能力等。我们把从事任何活动都必须具备的最基本的心理条件,即认识事物并运用知识解决实际问题的能力叫智力。智力水平高低通常用智商(IQ)来表示，在押人员通过智力测验可了解自己的智商。

气质是心理活动表现在强度、速度、稳定性和灵活性等方面动力性质的心理特征。气质相当于我们日常生活中所说的脾气、秉性或性情。气质没有好坏之分，但可作为职业选择的依据之一。了解自己的气质类型有助于加强对自我的了解，更好地调节自己处理问题的方式方法和情绪；了解他人的气质，有助于你更有效地处理人际关系。气质分为四种类型：胆汁质、多血质、黏液质和抑郁质。

1. 胆汁质

胆汁质的人一般感受性低而耐受性较高，他能忍受较高强度的刺激，能坚持长时间的学习、劳动而不知疲劳，显得精力旺盛。这种类型的人行为外向，直爽热情，情绪兴奋性高，但脾气暴躁，难于自我克制。如《三国演义》中的张飞。

2. 多血质

多血质的人感受性低而耐受性较高；活泼好动，言语行动敏捷，反应速度、注意力转移的速度都比较快，行为外向；容易适应外界环境的变化，善交际，不怯生，容易接受新鲜事物；注意力容易分散，兴趣多变，情绪不稳定。如《三国演义》中的诸葛亮。

3. 黏液质

黏液质的人感受性低而耐受性高，反应速度慢，情绪兴奋性低但很平稳；举止平和，行为内向；头脑清醒，做事有条不紊，踏踏实实，但容易循规蹈矩；注意力集中，稳定性强；不善言谈，交际适度。如《水浒传》中的林冲。

4. 抑郁质

抑郁质的人感受性高而耐受性低；多疑多虑，内心体验极为深刻，行为极端内向；敏感机智，他能注意到别人没有注意到的事情；胆小，孤僻，情绪兴奋性弱，寡欢，爱独处，不爱交往；做事认真仔细，动作迟缓，防御反应明显。如《红楼梦》中的林黛玉。

上述四种气质类型是典型的类型，而大多数人属于中间型或混合型，没必要对任何人都对号入座，应该从实际出发，认真分析，区别对待，个体的气质类型可通过测试获得。

性格是一个人在对现实的、稳定的态度和习惯化了的行为方式中表现出来的人格特征，是在后天的生活学习中形成的。性格的态度特征主要包括三个方面：第一，与对社会、集体、他人态度有关的性格特征。如热爱集体、遵纪守法、富有同情心等正面的性格特征和自私自利、虚伪、冷酷等反面性格特征；第二，与对劳动和劳动态度有关的性格特征，如勤奋、认真和浪费、懒惰等；第三，与对自己的态度有关的性格特征，如自信、自尊或自负、自卑等。

人们常把品德看成性格中的核心品质。性格的意志特征是指一个人对自己的行为自觉地进行调节的特征，它受人的价值观、信念和理想的影响，如自觉性、自制力、勇敢等或相反的如盲目性、冲动性等。性格的情绪特征指的是一个人的情绪对其活动的影响以及对自己情绪的控制能力，如有的人"火上房不着急"，有的人"遇事火冒三丈"，还有的人对情绪体验较深刻等。性格的理智特征是指一个人在认识活动中的性格特征，如有的人善于独立思考，有的人总依赖别人，有的人看问题全面，有的人爱钻牛角尖，甚至被起绰号为"酱（犟的谐音）厂厂长"。

每一个人做事情都有自己的选择性和倾向性，并不是每一件事情都选择去做，表现出个体差异性，这主要因为每个人的个性倾向性不同。个性倾向性是人进行活动的动力系统，决定着人对周围世界态度的选择和趋向。个性倾向性主要包括需要、动机和价值观等。

需要是个体活动的基本动力，人有各种需要，如生理需要、安全需要、归属于爱的需要、尊重的需要、自我实现的需要等。

动机则是在需要刺激下直接推动个体进行活动的内部动力，当个体有某种需要时，往往将其转化为动机，进而采取行动，但需要和动机又受人的价值观、世界观影响。价值观是个体关于好与坏、对与错的心理倾向性。对一个人来说，什么是最重要的？怎样去生活？这一系列愿望、态度、理想和信念等，都是由这个人的价值观来决定的，就如犯罪一样，有了对钱的需求，又在不恰当的价值观影响下形成不当动机，进而采取犯罪行为来满足需求。

综上所述，心理现象的基本内容概括起来大致分为心理过程和心理特征两大部分，其具体结构如图1-1所示。

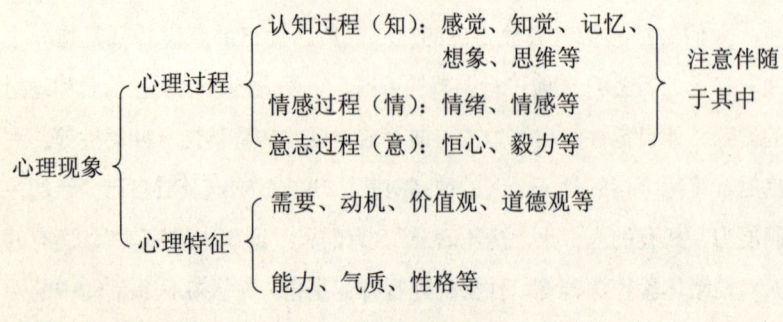

图 1-1 心理现象示意图

 拓展苑

别给自己贴上失败的标签

森林里,狮子正在呼呼大睡。一位过路的神仙见了,决定和它开个玩笑,于是在它的尾巴上挂了张标签,上面写着"驴",此标签上有编号、有日期、有圆圆的公章,旁边还有个签名。

狮子醒来后发现了自己尾巴上的标签,非常恼火。这可怎么办?这号码、这公章,肯定有些来历。如果私自撕去标签,免不了要承担责任。

于是,狮子决定合法地摘去标签,它满怀希望地来到野兽中间。

"我是不是狮子?"它激动地质问。

"你是狮子,"狐狸慢条斯理地回答,"但依照法律,我看你是一头驴!"

"怎么会是驴?我从来不吃干草!我是不是狮子,问问野猪就知道了。"

"你的外表,无疑有狮子的特征,可你贴着驴的标签呢!"野猪说,"具体是不是狮子我也说不清!"

"蠢驴!你怎么不吭声?"狮子心慌意乱,开始吼叫,"难道我会像你?畜生!我从来不在牲口棚里睡觉!"

驴子想了片刻,说出了它的见解:"你倒不是驴,可也不再是狮子了!"

狮子徒劳地追问,低三下四,它求山羊做证,又向老虎解释,还向自己的家族求援。同情狮子的动物,当然不是没有,可谁也不敢把那张标签撕去。

憔悴的狮子变了样子,为这个让路,给那个闪道。一天早晨,从狮子洞里忽然传出了"呃啊"的驴叫声。

(摘自《小故事,大道理全集》,吉林教育音像出版社)

在押人员一旦给自己贴上"罪犯"的标签,那么在心理上就把自己定位于"罪犯"这个角色,处处按罪犯标准支配自己的行为,则很难达到自我改造。社会人一旦给你贴上"罪犯"或"道德败坏"的标签,也很难转变对你的印象。因此,在押人员一方面要注意不要给自己贴"标签",特别是在押人员中有很多人只是犯罪嫌疑人,即使法庭判你有罪,但是你还是你,不要被自己的行为迷住了眼睛,你仍有很多优点,但也有缺点,只有不断发扬自己的优点才能成为"新人"。另一方面,当你回到社会后,要努力按"新我"去展现给别人,避免社会人给自己贴"标签",有利于更好地适应社会。

第二节 心理发展过程

人的一生要经过幼年、少年、青年、成年,以至于老年各个阶段,相应地个体的心理在各阶段之内以及在各阶段之间都不断地发展变化。心理发展是一个量的不断积累——从量变到质变的过程,随着新质的出现,心理会达到一个新阶段,表现出阶段性。这些阶段性是与人的年龄相联系的,每一个阶段都有其质的特征,心理发展从低到高,各阶段互相不能逾越,也不能互换,前一个阶段是后一个阶段发展的基础,前一个阶段的心理没有发展,后一个阶段的心理就很难发生,就如同我们听说过的"狼孩""猴孩"一样,错过了前期各阶段的发展,再想重新"补课"几乎是不可能的了。

同样,日常生活中多数人的心理发展是正常的,但是也有一部分人因为某个心理期发展不全面或不及时,从而影响成人后的社会生活,有可能形成一定的心理障碍和人格缺陷。

因此,了解心理发展的过程有助于在押人员找到自己心理成长过程中的"缺陷",甚至犯罪原因,对自己的行为达到"领悟",从而更好地、更自觉地消除犯罪心理,促进心理成长,成为符合社会期望的社会化公民。同时也有助于今后对子女的科学培养。

人的心理发展过程有以下几个阶段:

1. 婴儿前期(0~1岁)

也被称为信任阶段,主要矛盾是信任对不信任。

2. 婴儿后期（1～3岁）

也被称为自主阶段，主要矛盾是自主性对羞怯和怀疑。

3. 幼儿期（4～5岁）

也被称为发展主动性阶段，主要矛盾是主动性对内疚感。

4. 童年期（6～11岁）

也被称为勤奋阶段，主要矛盾是勤奋感对自卑感。

5. 青春期（12～20岁）

也被称为建立个人同一性阶段，主要矛盾是同一性对角色混乱。随着青春期的到来，他们开始寻找自己的认同方向，包括职业发展及职业选择，同时开始建立自己的价值观念。由于这个时期是通常所说的"叛逆"时期，个体通过在心理和行为上不断摆脱成人的影响（尤其是父母的影响）来建立自己的认同方向，但由于其价值观念尚未成熟，难免遇到各种各样的矛盾，产生多种不同角色，而到底要选择什么样的角色，他们还拿不定主意，于是在行为上易出现混乱。这时外界环境的影响起着重要作用。这个阶段也正是社会亚文化容易侵入的时期，有的人可能因此选择罪犯角色，有的人可能产生了心理冲突，从而导致心理障碍等。

6. 青年期（20～24岁）

也被称为社会义务阶段，主要矛盾是亲密感对孤独感。青年人渴望将自己与其他人融合起来，他们已经为建立亲密关系做好了准备，即能够要求自己加强与别人的联系和搞好伙伴关系，同时也为形成美满的婚姻打下了基础。美满的婚姻使个体情感得到了积极的发展，亲密感得到良好的建立，但是如果在寻找配偶的过程中遇到各种麻烦，个体容易因为被疏远而产生孤独感，这对他们个人的情绪、情感发展将带来不良的影响。

7. 成年期（25～65岁）

也被称为创造力阶段，这个阶段的主要矛盾是生育对自我关注感。成年期是人生发展中十分重要的时期，也是人生发展的分水岭，有的人事业有成，有的人碌碌无为；有的人尽了对子女的责任，有的人却对子女起到了不良的示范作用。在这个阶段，处于现代社会的激烈竞争中，人生遭遇失败和生活发生不幸也在所难免，关键是能否正确对待这些挫折和不幸。我们要注意：第一，要认识到挫折和不幸的普遍性，人人有本难念的经，就看你怎么看待；第二，要淡泊名利，力争做到"得之不足喜，失之不足忧"，正确认识羁押和改造生活中的利益得失；第三，"风物长宜放眼量"，自觉端正态度，配合有关部门尽快走完法律程序，并建立起自己的改造目标。重新规划自己的人生，不计较一时得失，培养自己的意志力，坚定不移地走自己的路，要知道"谁笑到最后，谁笑得最灿烂"。

8. 老年期(65岁以后)

也被称为达到完善阶段，主要矛盾是完善对绝望。

这是人生的最后阶段，无论是事业成功，还是无为平庸，都已成为过去，有惆怅、有自我实现，但毕竟都成为过去，更多的是面对此时此刻，保持良好的心态，才能维持良好的身体状况。作为老年在押人员，首先，要面对现实、力所能及、没乐找乐，在现实中一定使自己的生活丰富多彩,确实学到一些"老小孩"的本能。其次,要承认过去,历史就是历史,一切都已成为历史,既不必忧虑过去(对过去的懊恼),又不必对未来产生担忧。人生百年,谁能无憾,你也只是其中之一,如果你无限放大这种遗憾,那么你也就只有遗憾了,岂不是自寻烦恼?再次,要力争维持一个和睦的家庭,建立自己的人际交往圈子,多和他人进行沟通交流。最后,要坦然面对死亡,充分认识到人的生老病死是不可抗拒的自然规律,每个人都将最终面临死亡,关键是使自己活着的每一天都过得充实而有意义,多做有益于别人、有益于社会的事,让活着的人对你有一个美好的回忆。

不管怎么说,人的心理成长的每一个阶段,对人的一生都有着重要意义,每一个阶段的不完善都是后面各阶段的缺憾。每一个在押人员都应正确认识并领悟自己的心理成长过程,找出自己的缺憾,不断加以完善,才能真正成为受社会大多数人欢迎的人,才能成为一个对社会有意义的人。

拓展苑

狼孩的心理

1920年,一个名叫辛克莱的牧师在印度加尔各答附近发现两个女孩。

这两个和狼生活在深山老林中的女孩,大的七八岁,小的约两岁。辛克莱把她们救回送到孤儿院抚养,并给大女孩取名卡玛拉,给小女孩取名阿玛拉。年幼的阿玛拉入院后第二年死去。卡玛拉则一直习惯用四肢行走，用双手和膝盖着地歇息；她害怕强光，白天喜欢蜷伏在黑暗的地方睡觉，睡觉以腰臀着地；夜间潜行，视觉敏锐，午夜嚎叫，闲逛游荡，企图寻找出路，逃回丛林；她用鼻子四处嗅闻，寻找食物，嗅觉特别灵敏，不吃素食，喜欢吃生肉，而且，只吃扔在地板上的肉，舔食流质；她怕火，也怕水，从不让洗澡，即使天气寒冷，她也会撕掉给她穿上的衣服，摆脱给她盖上的毯子。

辛克莱为了改造卡玛拉的动物行为，对她进行了细心照料和耐心教育，但她进步非常缓慢，2年后才学会站立，6年后才学会直立行走，但在快跑时仍四肢并用。智力发展尤为迟缓，8岁时只具有相当于正常人类6个月婴儿的智力水平；4年后学会6个词；到7年后才学会45个词，能用手吃饭，用杯子喝水。17岁时，卡玛拉死去，当时她的智力发展水平仅相当于正常的三四岁儿童。

（摘自《小故事，大道理全集》，吉林教育音像出版社）

这个故事告诉我们，人的心理虽然是脑的机能，但又不是由人脑单独决定的。人类的社会生活是人的心理形成和发展的决定性因素。一个人脱离了人类的社会生活，即使有一个正常的人脑，也不会形成和发展为正常心理。这个故事还告诉我们一个心理学中的重要结论：人类存在一个学习的最佳期。婴儿出生后的头几年便是发展正常心理机能和个性的最好且最重要的时期，错过了这个时期，就会给人的正常心理发展带来严重的障碍，这种障碍甚至可以影响人的一生。

第三节　道德认知发展阶段

在社会生活中人们为了维护共同的利益,协调彼此的关系,便产生了调节行为的准则,人们不仅根据这些准则来评价一个人的行动,还根据这些准则来支配自己的行动,这就是道德规范。当一个人按他所处的社会集体的行动准则去行动时,我们就说他的行动是合乎道德的;一个人不按集体的行动准则或是违反集体的行动准则去活动时,我们就说他的行动是不道德的。道德品质从侧面反映了一个人的价值观和为人处世态度,一旦被贴上道德败坏的"标签",对这个人的信誉、周围人对他的看法都可能产生不良影响,他也因此会产生适应不良,从而可能会导致犯罪。道德是人性的重要组成部分,是人与人交往的基础,道德沦丧会使人不成为人。我们在生活中常见到这种现象:当一个道德品质不错的人不小心做了一件严重违背道德的事情时,往往会说:"我不是人!我该死!"这样的话来自责。然而那些道德败坏的人,即使做了严重违背道德的事,良心上也不会产生不安,因为他们的心里没有这个准则,也就不会感到自责,反而心安理得,这是人性的泯灭,也是犯罪的根源。

我们经常认为,违反道德行为只会受到道德和良心的谴责,但当你再深一步回忆自己的犯罪过程,你就会发现缺乏法律意识并不一定会犯罪,在消极的道德观念下才更容易发生犯罪行为。这里主要讲解人的道德认知发展及与犯罪的关系,希望在押人员通过学习挖掘到自己可能存在的犯罪的道德根源,从而避免犯罪行为的发生。

心理学家通过一个故事来研究人类道德的发展：

欧洲有个妇人患了某种特殊的疾病，生命危在旦夕，医生认为只有一种药能救她的命，就是本城药剂师最近研制的一种新药。配制这种药的成本为200元，但药剂师索价2000元，但这位妇人的丈夫海因兹家境贫寒，只好请求药剂师便宜一点卖给他，或者允许他赊账，但药剂师说："我研制这种药正是为了赚钱。"海因兹走投无路，晚上撬开了药店的门，为妻子偷了药。

针对海因兹的行为，心理学家利用这个道德两难的故事向被试提出了一系列问题。如，海因兹该不该偷药，为什么？假如不是他的妻子，而是他的朋友生重病快要死了，海因兹是否应该去偷药，为什么？为了拯救一条生命，人们究竟该不该不择手段，为什么？海因兹偷药触犯了法律，从道义上看这种行为好不好，为什么？海因兹偷药被捉住了，法官该不该判他的罪，为什么？法官考虑释放海因兹，其理由是什么？心理学家通过对十多个国家的被试研究发现，尽管种族、文化和社会规范等各方面都不相同，但人的道德判断随年龄的发展而发展的趋势是一致的，大致可分为三种水平六个阶段：

1. 前习俗水平

4～10岁以前的儿童处于这一水平。其特点是儿童还未形成真正的道德标准，道德判断主要着眼于自身的具体结果，道德价值由外在的要求而定。

第一阶段：服从和惩罚的道德定向阶段。这一阶段的儿童认为规则是由成人或权威制定的，必须无条件服从。服从规则的目的只是避免惩罚，该阶段儿童认为海因兹偷药是坏行为，因为"偷药会受到惩罚"。

第二阶段：相对论者的快乐主义定向阶段。处于这一阶段的儿童不再把规则看成绝对的、固定不变的东西，在进行道德判断时开始比较行为和个人的关系，认为每个人都有自己的意图和需要。海因兹为妻子偷药符合他的自身利益，药剂师赚钱也符合自己的自身利益，这个阶段的儿童往往从自私的观念出发来考虑道德问题，认为符合自己需要的行为就是正确的，即具有自我中心的特点。这时儿童的回答应是："海因兹应该拿那些药，因为他的太太需要那些药，而且他想让他的太太活下去"。

2. 习俗水平

10～13岁的儿童处于这一水平。其特点是道德的价值在于别人的期待和传统秩序的保持，主要满足社会期望。

第三阶段：好孩子定向阶段。此阶段的儿童希望保持良好、和谐的人际关系，重视顺从和做好孩子，要求自己不辜负重要人物尤其是父母、老师的期望。儿童已经开始从关心自己的需求发展到较全面地关心别人的需求，从而为自己塑造一个社会赞同的形象。这时他们会说："海因兹不应该拿那些药，即使他太太死了，他也不应受到责备，因为这并不是海因兹不爱太太，自私绝情的人是那个药店老板，他没有做他本来可以做到的事情。"

第四阶段：维护权威和社会秩序定向阶段。这个阶段儿童注意的中心是维护社会秩序，他们把尊重权威、维护法律和社会秩序看成符合道德的行为。该阶段的青少年在回答海因兹问题时，一方面同情他，但同时又认为他触犯了法律，必须偿还药剂师的钱并去坐牢，这说明该阶段青少年看到了法律所起的社会作用。

3. 后习俗水平

13岁以后的儿童处于这一道德水平。这个时期，他们不受外界因素干扰，主要根据个人自愿选择的标准进行道德判断，履行自己选择的道德准则。

第五阶段：社会契约阶段。该阶段的个体能灵活地看待法律。超越了法律，认为除了法律以外，还有诸如生命的价值、全人类的正义、个人的尊严等更高的道德原则，人们的行为是依据内在的道德标准，行为受自我良心的约束。因此，海因兹有责任挽救任何人的生命，不管这个人是他的妻子、朋友，还是不相识的陌生人。

第六阶段：普遍性伦理原则阶段。这个阶段，儿童以人生价值观念为导向，对是非善恶的判断标准超越了现实道德规范的约束，并根据自身选定的原则进行活动，行为完全自律。因此，他们会赞许海因兹的行为，认为这是对药店老板牟取暴利的反抗，为了救人甘愿蒙受屈辱是高尚的。

试问你的道德水平处在哪一阶段水平上呢？心理学家认为，人类道德发展的顺序是固定的，发展阶段不能产生倒退，但并不是所有的人都在同样的年龄达到同样的发展阶段，研究表明犯罪人的道德发展处在第一或第二级水平上，某些抢劫盗窃类犯罪人其道德水平更有可能处于前习俗水平。

道德在人的犯罪心理图式中占有很重要的地位。俗话说："无法无天""天理难容"，"法"和"理"即是指法律，"天"是指道德，德字从"彳"从"十"从"目"从"一"从"心"，"彳"即是行走，指人的一心在行动上表现出来要由十只眼睛去看，也就是人的行为从内心表现出来，并且能够被众人看到的就是德行，德行是由众人评价的，是对一个人处世态度和方法的评价，德行反映了一个人行为的心理根源，道德水平低，就很容易做出大多数人不接受的行为。

在押人员有必要认真对照自己的道德意识，找出差距提高自己的道德水平，从而认罪悔罪，更有效地避免再次犯罪。

 拓展苑

一个与你无关的人跌倒了

一个与你无关的人跌倒了。对此，你的反应将是怎样的？

你会无动于衷地继续走你的路吗？那你就是一个自私的人。

你会跳上去再踹他一脚吗？那你无疑是个虐待狂。

你会大张旗鼓地把他扶起来并设法弄得家喻户晓而大受赞美，以便到处作报告吗？那你就近乎阴谋家了。

不，你可能不要赞美也不要报告，你当时甚至表示这是应该的，你就是把扶起别人当作了自己奋斗的目标。但若干年后，你会不时地提醒他千万不要忘记是你扶起了他，因而他就必须感谢你一辈子，并永远感激得痛哭流涕，乃至要他把他的一切都交给你也不足以感谢你的大恩大德。这样，你不就是个超级债主兼超级恶棍了吗？

当然，更多的可能是你赶紧跑过去把他扶起来，并谢绝他的任何感谢，因为你真的觉得这很正常，也很平常。那你就是个人道主义者了，或者说你是个善良的人。

此外，如果你赶紧跑过去把他扶起来，并在他向你表示感谢的时候，虽然嘴上说："不用谢，不用谢"，但心里想："要说感谢，我得谢你才

对呀！或者咱俩互相感谢才对呀！因为你的跌倒，给我提供了一个帮助别人的机会，给我提供了一个抒发爱心的机会，令我获得了一次小小的幸福与满足！"这样，你就是个自我现实主义者了。你就是未来新人类的一员了。

（摘自《青年文摘》2006年第9期）

一个人的道德意识往往体现在生活中的具体小事上，体现在无意中做出的事情上，这也才体现出了每个人的道德水平高低不同。我们每个人都应从小事做起，努力提高自己的水平。

第四节 心理活动过程及影响因素

心理活动是一个既复杂又有条不紊的过程,心理活动过程始于感觉器官接受外界的环境信息,经神经系统进行整合和传导进入大脑,再由人脑进行感觉、知觉、思维、想象等加工后,一方面作为经验贮存在人的内心状态中;另一方面经神经系统进行传导对接收到的外界信息做出反应,比如结束羁押生活或得到轻判你会感到高兴。贮存在大脑中的信息在与社会环境不断的交互作用中,逐渐内化为个体的价值观、信念和社会经验,这是一个不断发展和完善的过程,也是心理的毕生发展过程。因此影响心理活动的因素主要包括两个方面:一是人脑,二是社会环境中的因素。下面我们就影响心理活动的这两方面因素分别进行分析:

一、心理是人脑的机能

心理是人脑的机能,脑是心理的器官,人的心理是大脑对客观环境信息的反映。一旦人的大脑受到损伤,人们的心理活动就要产生一定的障碍,大脑是人的心理产生的客观物质基础。

人脑作为心理活动的物质载体,很大程度上受到遗传素质的影响,存在着个体差异性,这种差异主要表现在气质差异、能力差异、精神状况差异等方面。这也正是我们学习心理健康知识的必要性,通过学习,学会自我调节,防止心理疾病的发生。

二、环境因素

人的一生中无时无刻不接触客观信息。婴儿时，父母和家庭传递着环境的影响；童年和青年时期，学校、老师、同学、朋友传递着环境的影响；成年后，工作、生活、人际交往和社会制度与文化等方面传递着环境的影响。可以说在遗传素质的基础上，环境的影响在一定程度上决定着人的心理成长过程及心理活动的结果。

一个人自婴儿开始就是在接受各种环境影响中成长的，通过不断接受科学知识、社会规范、人际交往、社会角色等信息，并一步一步内化—修正内化—新的内化，逐步形成个人独特的价值观、世界观，也就出现了一个人区别于另一个人的特性——个性倾向性。我们常说："三岁看老"，虽然有些极端，但也是历史经验的总结，一定程度上反映了儿童时期接受环境影响的重要性。

从家庭或幼儿园过渡到小学教育的阶段，通过学习掌握书面语言，扩大了知识范围，促进儿童的抽象、逻辑思维的发展，通过各种集体活动，开阔了视野，培养了儿童个性品质和道德观念、道德行为，各方面知识的内化形成了这个年龄段的个性品质。少年期学科增多，科学性增强，这些学科离常识越来越远且越来越反映事物的客观规律，尤其是班集体活动和团组织活动塑造了少年的远大理想，产生了世界观的萌芽。青年期在生理、心理方面日臻成熟，世界观已初步形成，个性的发展也达到接近定型的程度。当然，人无完人，父母及其家庭成员、同学、老师、同伴及其他社会成员，也存在着许多缺点，在人的成长过程中，作为环境影响中的消极信息也同样经内化后转入一个人的价值观中。

研究表明，单亲家庭、不和睦家庭、父母价值观有缺陷的家庭，对孩子的成长起着很大的消极作用，许多青少年犯罪就是这些消极作用的结果。社会环境对人的成长也有着很重要的影响，如我们常常听到有的学校打架成风，有的初中甚至小学恋爱现象很多等，由于交往不当使本来一个不错的人染上了很多恶习……研究表明，很多犯罪与接受消极信息有重要关系，消极信息的内化与积累还会导致认知缺陷和价值观偏颇，在处理问题时往往会采取犯罪行为而非其他更有效的解决问题的办法。

 拓展苑

小女孩买围巾

有一个女孩子从小就失去了父亲，和妈妈相依为命，靠卖菜维持生活。因为家里贫穷，她冬天没有御寒的衣服，夏天没有漂亮的裙子。特别是看到别的女孩子都比自己幸福时，她就十分自卑。在极为贫寒的生活里，她长到18岁。

天下没有不疼爱自己孩子的妈妈，就在她18岁生日的那一天，妈妈破天荒给了她200元钱，让她给自己买一份生日礼物。虽然她心中十分欢喜，但自卑感使她没有勇气大方地走在马路上。她攥着那点钱，朝着一个小商店走去。

一路上，她看到别人都比自己生活得好，有吃有喝，有说有笑，心中不无遗憾地想，自己是天下最不幸、最可怜的女孩子。来到小商店，她的眼睛一亮，原来她特别心仪的一条花围巾摆在柜台上，但标

价180元。售货员把围巾围在了她的脖子上，说："姑娘，你一头乌黑的头发再配上这条漂亮的围巾，真是太美了"。还拿来镜子让她看，当她看到镜子里的自己是那样容光焕发时，突然惊呆了，她从没有看到过自己这样漂亮！她毫不迟疑地买下了这条围巾。她的心里无比陶醉、无比激动，接过售货员找的20元钱后，转身就往外跑，结果在一个刚刚进门的老人身上撞了一下，她仿佛听到老人叫她，哪还顾得了这么多，就一路飘飘忽忽地往家跑。

她看到所有人看她的目光都很惊讶，她听到人们议论说，这是谁家的女儿，这么漂亮！这个女孩子简直心花怒放！她想我索性就奢侈一回，用剩下的20元钱再给妈妈买点东西吧，于是她又一路飘飘然地回到了小店。

刚一进门，那个老人就微笑着对她说："孩子，我知道你会回来的，你刚才撞到我的时候，你的围巾也掉了下来，我一直在等你来取呢。"

（摘自《小故事，大道理全集》，吉林教育音像出版社）

这个故事讲完了，真的是那条围巾弥补了女孩生命中的遗憾吗？显然不是，其实弥补女孩遗憾的是她自信心的回归。

在押人员被关在看守所里往往会因自己的过失或犯罪行为产生自卑心理，严重影响自信心，这对心理成长以及自己的改造一点好处都没有。时刻看到自己的优点，发扬优点，会使你的自信心大大增强，看到的明天会是更灿烂的。

第 二 章

心理健康水平的划分
——你的心理健康吗

第一节 心理健康水平的划分

心理学将人的心理健康水平划分为：心理正常和心理不正常（也叫心理异常）两大类。心理正常划分为心理健康和心理不健康两类。心理不健康区分为三种不同程度即心理问题、严重心理问题和神经症性心理问题。心理不正常又包括人格障碍、精神障碍和神经症，如图2-1所示。

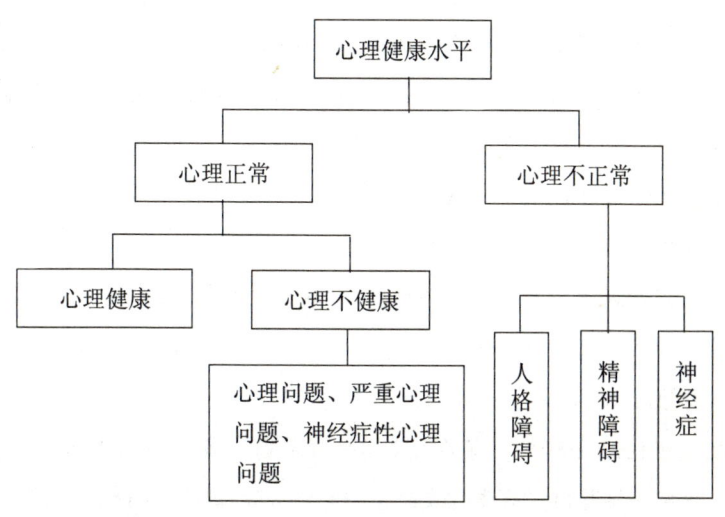

图 2-1 心理健康水平示意图

这里所说的"心理正常"是指具备正常功能的心理活动或者说不包含有精神病症状的心理活动，而这里说的"心理不正常"（也叫心理异常）是指有典型性精神障碍症状（但不仅仅是我们常说的"精神病"）

的心理活动。而健康和不健康是在"正常"范围内用来讨论"正常心理"水平的高低和程度如何。我们通常所说的心理咨询一般是指对心理正常状态下的心理不健康问题的咨询,心理不正常也并不是我们通常意义上所说的"精神病",这只是心理学的划分标准,现实咨询中,一些类型的人格障碍和神经症也在其范围之内。

 拓展苑

忘掉忧伤

我永远也忘不了马里恩·道格拉斯给我讲的一段经历。他说,他和他的妻子接连两次遭受巨大的不幸。头一次是他们视为掌上明珠的5岁女儿的死亡,他们真不敢相信还有继续生活下去的希望。"一年之后,上帝又重新赐给我们一个女儿,"道格拉斯说,"可是不到5天,这个孩子也死去了。"

这连续两次打击实在太残酷了。"我简直悲痛欲绝。"这个经历过严峻考验的父亲对我们说,"我睡不着觉,吃不下饭,成天精神恍惚,几乎都快发疯了。我失去了生活的信心。"最后他只得求助医生。有的医生建议他服安眠药,有的医生劝他去旅行。各种办法他都试过了,可是没有一样管用。"我觉得我的整个身躯仿佛正被一只钳子越夹越紧,根本不能自拔。"道格拉斯说。凡是有过类似经历的人,都能理解他的内心痛楚。

"幸好上帝给我留下了一个4岁的儿子,是他把我从痛苦的深渊里解救了出来。一天下午,当我正坐在那儿沉浸于内心悲痛的时候,我

的儿子过来对我说:'爸爸,你能替我做艘船吗?'我哪里还有心思做船!但我儿子缠住我不放,最后我只好答应了。这个玩具大约花了我3个钟头。船做好了,我也从这3个钟头里第一次领略到了几个月来从未感到过的精神放松!"

"这一发现使我大为震惊。我终于明白,摆脱麻烦的最好方法是找事情干。干事情需要计划,需要动脑筋,追忆痛苦往事的时间自然也就没有了。在我给孩子做船的那几个钟头里,我真的感觉到战胜了忧虑。我决心打现在起就找事情干。"

"第二天我便开始在家里忙活起来。我到处寻找需要干的事,并把它们一一列上清单。我干了许多有意义的工作,如今我忙得再也没有时间去忧虑了。"

(摘自《青年文摘》2005 年第 6 期)

工作可以排解苦闷是有科学依据的,心理学家认为:任何人的大脑不可能同时考虑一件以上的事情。我们不能一方面满腔热情、兴致勃勃地投身于一件有趣的工作,与此同时又始终为另一件不快的事而烦恼。人的情绪是相互排斥的。

约翰·波伊斯说:"只有当人们醉心于他必须完成的任务时,某种出于自信的惬意和忘我精神带来的快乐才有可能平静他的神经。"

第二节　心理正常与心理异常的区分

正常的心理状态至少具备以下三个方面特征：一是意识清醒；二是心理过程互相协调并能准确地反映客观现实；三是智力达到一定水平。具体来说我们可以从两个角度来区分心理正常和心理异常。

一、常识性区分

一般来说，人们区分正常和异常心理是依据日常生活经验，尽管这种做法不太科学，但对于在押人员是非常有益的，这里所说的异常心理更多指精神性疾病，一般不包括人格障碍和神经症类疾病。这种方法可从以下四个方面进行区分：

1. 离奇怪异的言谈、思想和行为

假如一个人披头散发、蓬头垢面、又跑又嚷，这时你判断他的言行是异常的；如果一个人总在说："整个监舍的人每天都在三三两两地开会商量怎么陷害我，他们还商量如何杀我妻子、儿子的办法"，并为此而心烦意乱。具有这些离奇古怪的常人难以理解的言行，通常我们都会认为这个人心理异常。

2. 过度的情绪体验和表现

假如一个人整日低头少语、行动缓慢，与人交谈十分吃力，甚至想不出词汇，未开口先流泪，流露出对生活的悲观失望；或者彻夜不眠，时而唱歌、时而跳舞，语言兴奋，时而谈东、时而说西，说个不停，这时我们可依据生活经验判定他的行为已经偏离了正常。

3. 自身社会功能不完善

比如有的人在看电视时，总认为电视里的内容是在影射他，不断地更换频道，并天天汇报此事；一个人由于他的耳朵比别人大一些，所以不允许别人摸自己的耳朵，认为别人摸耳朵就是讽刺他，为此常与别人吵架，有这些现象的人，我们就可以怀疑他出现了心理异常。

4. 影响他人的正常生活

如半夜大哭大叫、光着身子乱跑、不断骚扰别人等这些常人所没有的行为的人，一般也被认为是心理异常。

上面的区分方法是生活中常人的区分，有时尽管有上述症状，也要经心理医生鉴定后才能确定为正常还是异常，如某人也可能会由于遭受重大打击而表现出上述症状，或有的在押人员诈病也会装出上述症状，这就要经过专业人员进一步确诊和鉴别。

二、心理学区分原则

根据心理学对心理活动的定义，即"心理是客观现实的反映，是脑的机能"，我们可以从下面三个方面来判定心理正常与心理异常：

1. 主观世界与客观世界相统一的原则

心理是客观现实的反映，所以任何正常的心理活动或行为必须在形式和内容上与客观环境保持一致。不管是谁，也不管是在怎样的社会历史条件和文化背景中，如果一个人说他看到、听到了什么，而客观世界中，当时并不存在引起他这种知觉的刺激物，那么，我们就认定这个人的精神活动不正常，他产生了幻觉。幻觉一般有幻嗅、幻视、幻听、幻味等虚幻的知觉。再比如，一个人的思维内容脱离现实或逻辑思维背离客观事物的规定性，这时我们便说他产生了妄想，如自罪妄想、疑病妄想、被害妄想等。当人的精神或行为与外界环境失去同一性时，这些当事人往往是没有自知力的，他们会坚持认为自己所知觉到的是真的。

2. 心理活动的内在协调性原则

人的精神活动，虽然可以被分为认知、情绪情感、意志、行为等部分，但它又是一个统一体，各种心理过程之间具有协调一致的关系，这种协调性保证个体在反映客观世界过程中的高度准确和有效，比如一个人遇到一件令人愉快的事，会产生愉快的情绪，手舞足蹈，欢快地向别人述说自己内心的体验，这样我们就可以说他有正常的精神和行为；如果他一边用低沉的语调向别人述说愉快事，或者对痛苦的事做出快乐的反应，我们就可以说他的心理过程失去了协调一致性，称为异常状态。

3. 人格的相对稳定性原则

在遗传素质基础上，个体在成长过程中会形成比较稳定的、独特的人格特征，在没有重大外界刺激的情况下一般是不易改变的，如果在没有明显外部原因的情况下，一个人的个性出现了异常，比如一个用钱很仔细的人突然挥金如土，或者一个待人接物很热情的人突然变得很冷漠，如果我们在他的生活环境中找不到足以使他发生改变的原因，那么就可以说他的精神活动已经偏离了正常轨道。

> 拓展苑

情绪智力

  心理学家常常会面对孩子们的这样一个提问:"你知道我心里想什么吗?"

  这是一个充满童稚而又专业化的问题。在日常生活中,人们不仅在反观自己的内心世界,而且试图走进别人的心理世界,探察他人的想法,感受他人的情感。这就是有关"情商"这个热门话题。

  情绪智力简称情商,是指"个体监控自己及他人的情绪和情感,并识别、利用这些信息指导自己的思想和行为的能力"。换句话说,情绪智力是识别和理解自己和他人的情绪状态,并利用这些信息来解决问题和调节行为的能力。在某种意义上,情绪智力是与理解、控制和利用情绪的能力相关的。

  情绪智力包括一系列相关的心理过程,这些过程可以概括为三个方面:准确地识别、评价和表达自己与他人的情绪;适应性地调节和控制自己和他人的情绪;适应性地利用情绪信息,以便有计划地、创造性地激励行为。

  情绪智力作为人类社会智力的一个组成部分,是人们对情绪进行信息加工的一种重要能力。情绪智力有很大的个体差异。情绪智力高的个体可能更深刻地意识到自己和他人的情绪和情感,对自我内部体验的积极方面和消极方面更开放。这种意识使他们能对自己和他人的情绪做出积极的调控,从而维持自己良好的身心状态,与他人保持和谐的人际关系,有较强的社会适应能力,在学习、工作和生活中取得更大的成功。因此,培养和发展人们的情绪智力对全面提高人的素质具有重要的意义。

(摘自彭聃龄《普通心理学》2005年版)

第三节 心理健康的标准

怎样才算拥有健康的心理？各个国家，甚至每个心理学家的理解也并非完全一致，而且考虑到定义的内涵和外延，往往下定义时并不十分具体。第三届国际心理卫生大会（1946年）的定义为："所谓心理健康是指在身体、智能及情感上，与他人的心理健康不相矛盾的范围内，将个人心境发展成最佳的状态。"目前国内公认的心理健康标准定义为："心理健康是指各类心理活动正常，关系协调，内容与现实一致和人格处在相对稳定的状态。"综合各种对心理健康所下定义，作为在押人员的心理健康水平可以从如下几个方面进行理解：

一、心理活动过程正常

一个人在与环境的互动中，其心理活动过程能够有效地反映现实，解决面临的问题，达到对环境的良好适应并且指向更高水平的发展。其主要体现在：

1. 在遭遇精神打击时，抗精神刺激的能力强

比如有的在押人员在被逮捕或判刑后精神萎靡不振，甚至有人精神病态，则不能说他的心理健康。

2. 心理活动的耐受力强

凡在押人员都要经历刑拘、逮捕、起诉、审判这一法律过程，这种持续长期的精神刺激可使耐受力差的人长期处在痛苦之中，导致其个性改变，甚至会出现心理异常和严重的身体疾病，这种缺乏耐受力的表现，即属于不健康的心理过程。

3. 犯罪思维模式已经消除

在考虑问题、解决问题时不再用犯罪的方式去解决，能够找到更好的、更积极的问题解决途径；反社会意识能够消除，做事情以前能够在大脑中建立起法律或规范这根"弦"；对他人有一定的情感反应，能够知恩图报，对他人的不幸具有同情心，消除对人冷漠、冷酷无情的心理反应模式。我们经常会看到一些在押人员在遇到一些不顺心的事情时采取极端措施或偏激的认知，这些都是心理健康水平不高的表现。

4. 智力正常，智商一般应在 80 以上

二、有良好的环境适应能力

人生在世，环境的变化是永恒的，但又不以我们的意志为转移，能够不断适应新变化下的环境是心理健康的标志。适应具有五个方面含义：第一，指个体与环境在相互作用中发生改变的过程，在这个过程中更多的是指个体主动适应环境。对于每个人来说，他能直接支配、控制的是自己的行为，如果要环境条件发生有利于自己的改变，他只能通过支配自己做或不做某一些事情来间接地实现，这也就是我们常说的面对现实、承认现实，但确实有一些人并不能真正认识到这一点，入所后迟迟不能进行角色转换，难以适应新的环境。

第二，指个人—环境关系的一种状态，即个人与环境之间的一种和谐、相宜相适的状态，但这种适应又总是暂时的，是不断变化和发展的。那些没有问题的人并不一定是健康的人，而健康的人一定是有能力解决问题的人，是那些面对新的环境做出新的适应的人。在押人员首先从刑拘开始适应，然后进行不断发展，最终消除可能存在的犯罪心理结构。但并不是所有人员都能不断发展，最终消除犯罪心理结构，有些人在适应过程中出现适应不良，出现这样或那样的心理障碍，甚至精神疾病，这都是心理不健康的表现。

第三，体现在人际关系的协调方面。在押人员尤其是新人，往往会出现人际关系的适应障碍，如果长期不能消除这种适应困难，那么我们就得说这个人心理不健康了。但从另一个方面来讲，过分追求人际关系也是心理不健康的表现。例如，有的在押人员时时想保持最佳的人际关系，甚至八面玲珑、阿谀奉承，被"人际关系"所累，天天唯恐一句话不当伤了和气，已形成了长期的心理压力，这种心理也是一种不健康的状态，最终会导致某些心身疾病的发生。和谐的人际关系是自身做到谦让和气，没有人际压力也就可以了。

第四，是有幸福感。事实上，很多在押人员会因为看守所艰苦的环境、清苦的生活、被隔离的精神和情感世界而体会不到幸福，这是一种认知的错误。实际上，幸福只是一种感觉，每个人每天都会碰到幸福的事，只是很多人找不到体验幸福的入口。获得幸福的不二法门是珍视你所拥有的，忘掉你所没有的，重要的是面对现实，明白自己的追求在实现人生目标的过程中、在与家人的团聚和互相挂念中，体验幸福感。我们不能说"三无"人员没有幸福感，也不能说每个社会上的人都有幸福感，为什么呢？幸福快乐只是一种感觉，与贫穷无关、与处境无关，内心相连，幸福不幸福都在你心里，希望在押人员能够慢慢体会，从中悟出你们的幸福感。

三、心理是不断成长的

前面我们说到过，人的心理是毕生发展的。也就是说，人的心理在一生中都是在不断成长的。健康的心理在发展性方面主要体现在：

第一，在适应中发展，即在一定的适应水平上由于个性生理的成熟，或由于环境和生存、教育条件发生了变化，原来的适应性平衡被打破，新的条件和新的环境需要高一级的心理机能和个性品质才能适应，由此促进个体由原来的适应水平向高一级的适应水平推进。

第二，心理行为要符合年龄特征，成人后还总是出现幼稚的行为，那么我们通常说这是不成熟，也是心理不健康的表现。

四、具有情绪情感自控力

情绪控制能力得到有效提高，能够控制、管理自己的情绪。管理和控制自己的情绪并不是从此不再发火、不再郁闷，而是在"度"上能自我管理，使其不会恶性爆发。在情绪爆发前能够理性地预测到后果的严重程度，使后果控制在法律允许的范围之内，或者能找到更好的解决问题方法。情绪爆发的后果还体现在能够掌握情绪，使情绪处于合理的人际关系范围之内，不能因为经常性的情绪问题而成了"孤家寡人"。情绪的强度、情感的表达、思维的方向和行为过程都是在人的自觉控制下实现的，对情绪、思维和行为的自控程度与人的心理健康水平密切相关。当一个人身心健康时，他的心理活动会十分自如，情感的表达恰如其分、辞令通畅、仪态大方、不过分拘谨，当遇到重大问题时能较好地调控自己的情绪,甚至在重大精神创伤下的情绪也能逐渐自我调整过来。有些在押人员在遇到挫折、困难时,如离婚、亲人病故、刑罚过重等情况时,往往会情绪失控,做出一些蠢事来,这样的心理则属于不健康状态。

拓展苑

烦恼是怎样靠近的

朋友最初的计划只是想买一辆二手代步车,预计花费五六万元。有同事说,二手车总不好吧,五六万元应该可以买辆新车了。朋友觉得挺有道理,于是把买二手车的计划放弃了。

朋友选定了街面上到处在开的"普桑",可是一些朋友说了,普桑太平常了,也不像家庭用车,加上两三万,可以买更好的车型。朋友想想也对,如果车子高档些,也挺有面子的。于是他把购车资金从五六万元升至八九万。他到汽车城挑车,车子实在太多了。导购员说,八九万元的车只能算是入门级,如果能再加一两万元,就可以买到更好的车。

朋友一思考也对,自己是工薪阶层,不可能换车,如果添一万元可以买到更好的车,何乐而不为呢。于是,他把购车资金提高到了十万。

但他在选车过程中,发现车辆的配置五花八门,空调是不是自动的,CD 是不是六碟的,有没有天窗,座椅是不是真皮的,气囊有几个……

导购员对他说,如果是自动恒温空调,驾驶的时候会感到更舒适。

朋友觉得有道理，选了有自动恒温空调的车；导购员说，CD 如果是六碟的，那就不需要经常换碟了，朋友觉得有道理，选了配有六碟 CD 的车；导购员说，如果有天窗，那有阳光的时候，带家人去兜风，会更惬意，朋友觉得有道理，选了有天窗的车……

车子选定后，车价飙升到 12 万元。朋友觉得价格高了；但导购员说，这样的车既可家用，又可商用，开出去很有面子。

朋友觉得非常有道理，准备下单。回来后，和同事、朋友聊起这车，他们都说，车价有点高了，如果买这车，不如再加点钱，买辆自动豪华型的，开起来轻松，而且你太太也可以使用。

朋友考虑了一下，觉得这个建议挺好。他把所有银行存款拿了出来，用 17 万元买了一辆集"优点"于一身的新车。

朋友每天开着新车，却很忧虑。养车每月需要一千多元，家里没有余钱，心里总是空落落的。前段时间，他的母亲患了一场大病，朋友不得不借了 5 万元。

本以为有了车自己会很快乐，谁知自己被这车"套"住了。原先朋友的车每天都擦得锃亮，现在这车灰扑扑的，经常停在楼下，他能不开就不开。朋友说，省点儿油钱也是好的，现在朋友连折价卖车的念头也有了。

（摘自《青年文摘》2007 年第 6 期）

其实，人生中的许多烦恼，像这个买车的故事，随着欲望一点点加码，烦恼也在一丝丝增加。最后，你原本平静的生活就被欲望给毁了。

第四节　心理不健康水平的分类

根据一个人心理不健康的程度，可以将心理不健康状态划分为三种水平。一般而言，在押人员通过了解以下内容，有助于自我对症了解并及时寻求心理咨询，以便尽早回归到正常的生活中。

一、心理不健康的第一种类型——一般心理问题

一般"心理问题"是由现实因素激发，持续时间较短，情绪反应能在理智控制之下，没有严重破坏社会功能，情绪反应尚未泛化的心理不健康状态。

1. 现实因素激发

指由于羁押生活中的某些事件，如：亲人亡故、离婚、刑期重、看守所环境恶劣、人际关系紧张等产生的内心冲突，并因此体验到不良的情绪（如厌烦、后悔、懊丧、自责、自罪等）。

2. 持续时间较短

指不良情绪不间断地持续一个月或不良情绪间断地持续两个月，仍不能自行化解。

情绪反应能在理智控制之下不严重破坏社会功能：是指不良情绪仍在相当程度的理智控制下，始终能保持行为不失常态，基本维持正常生活、劳动、学习和人际交往，但效率有所下降。

3. 情绪反应尚未泛化

指自始至终不良情绪的激发因素仅仅局限于最初事件，即使是与最初事件有联系的其他事件，也不会引起此类不良情绪。比如，自己的亲人亡故，内心感到悲痛，但这种悲痛并不会因为他人失去亲人而加重。

二、心理不健康的第二种类型——严重心理问题

严重心理问题是由相对强烈的现实因素激发，初始情绪反应剧烈，持续时间长，内容充分泛化的心理不健康状态。这类问题可从以下几方面进行理解：

引起"严重心理问题"的原因对个体来说（不是所有人）是较为强烈的、威胁较大的现实刺激，不同原因引起的心理障碍，当事人分别体验着不同的痛苦情绪，如悔恨、冤屈、失落、恼怒、悲哀等。

从产生痛苦情绪开始，痛苦情绪间断或不间断地持续时间在两个月以上，半年以下仍不能自我化解。

遭受的刺激强度越大，反应越强烈。多数情况下会短暂失去理性控制，在后来的持续时间里，痛苦可逐渐减弱，但是不能摆脱，对生活、劳动、学习、人际关系等改造活动有一定程度的影响。

痛苦情绪不但能被最初的刺激引起，而且与最初刺激相类似、相关联的刺激也可引起此类痛苦，即反应对象被泛化，如有的在押人员惧怕本监室小组长，见到他就哆嗦，后来泛化到连其他监室的组长也怕，最后发展到看到其他在押人员心里也发毛，这就是内容已经泛化。

三、心理不健康的第三种类型——神经症性心理问题

这种类型的心理不健康状态，已经接近神经衰弱或神经症，或者其本身就是神经衰弱或神经症的早期阶段，但从情绪反应的程度上、时间上以及影响当事人社会功能上，尚没有达到神经症的标准，有的仅是神经症性问题治疗取得疗效后的缓解期间所残留的症状。

拓展苑

三个小金人

从前，有个国王想试探一下邻国的国王和人民是否够聪明、有辨别力。于是，他派人送了三个黄金塑造的人像到邻国去。这三个黄金人像不但外表一模一样，连重量也完全相同。他想让邻国国王断定哪一个金像更有价值。

邻国国王召集了所有大臣，大家左看右看，怎么也看不出这三个金像有什么不同，甚至这个国家最聪明的人也说不出所以然来。全国人都参与了这件事，可谁也分辨不出。国王为此感到很丢脸。

正当大家都绝望的时候，一位被关在监狱里的青年托人带口信来。于是，这个青年被带进宫中，国王将三个金像交给他。他仔仔细细地看了又看，最后他发现每个金像的耳朵上都有一个小孔。于是他要了一根极细的银丝，从金像的耳朵里穿进去。他发现，第一个金像，从耳朵里穿进去的银丝从嘴里钻了出来；第二个金像，从一边耳朵穿入而从另一边耳朵钻出；第三个金像，则是从耳朵穿进后从肚脐眼儿钻出来。年轻人思考了一会儿，对国王说："尊贵的陛下，我认为要解开

眼前这个谜,就像一本打开的书。您瞧,就像每个人都与其他人不一样,每个金像也都不一样。这第一个金像提醒我们:有那么一种人,他听到点什么事,一眨眼的工夫就从嘴里说了出去;第二个金像,就像那么一种人,他从这个耳朵听到了什么,马上就从那个耳朵溜出去了;而这第三个金像,很像一位能够把听到的事记在心上的人。陛下,您现在可以判断哪一个金像最有价值了吧?您愿意哪一种人做您最亲密的朋友呢?一个嘴上存不住半句话的人,一个把您的话当耳旁风的人,还是一个把您的话牢记在心的可信赖的人呢?"

(摘自张宁等译《消除抑郁》2002年版)

第五节　常见的精神障碍

心理学对精神障碍的划分是很细致的,这里主要介绍一些常见的精神障碍。

一、精神病

大多数精神病人在患病期间对自己的异常心理表现完全丧失自我辨认能力,不承认自己有病,对自己所看到、听到、想到的与客观世界不符的内容不承认是怪诞的。这类病人一般不会主动求治。常见的有精神分裂症、躁狂抑郁性精神病等。

1. 精神分裂症

精神分裂症是在押人员中最多见的精神病之一,主要表现为患者的思想情感和行为不同程度地与现实环境相脱离,沉醉于自己的病态体验中,对外界事物反应冷淡或歪曲,意向减退、行为懒散,多数患者在发病后相当长的时期内还可能保持与别人交往,但人们会发现其行为表现让正常人不能理解。早期常有关系妄想、被害妄想或幻觉,这些症状使病人出现各种怪异行为。

2. 躁狂抑郁性精神病

这种患者表现为两种相反的状态:一是躁狂状态,患者表现为联想加快、话多,常滔滔不绝,严重时随环境变化不停地变换谈话的主题。

情感高涨、热情,但容易激动,同时动作也多,活动不停,好管闲事。比如,主动帮助检查卫生、主动纠正违反规范的行为等,但纠正后很快转换主题。二是抑郁状态,患者表现为思维迟缓、少说,对问话回答缓慢,情绪低落、伤感、自卑、感到生活乏味,常有自杀观念和行动。躁狂和抑郁状态,有时可以在同一个患者身上交替发作,有时仅表现为一种状态。

二、神经症

神经症大多是由心理因素引起的疾病,一般而言与精神病不同,多数人有自知力。神经症具有以下五个方面特点:一是意识上的心理冲突。当事人能觉察到自己处于一种无力自拔的自相矛盾的心理状态,其典型体验是感到不能控制其自认应该加以控制的心理活动,通俗说就是总和自己过不去,自己为难自己,自己折磨自己,比如自认毫无意义的胡思乱想、强迫观念、易激怒、持续的紧张心情等。文化程度高者往往可以明确地说出自己的心理冲突,如互相矛盾的问题处理态度或价值观在他们的心里不断进行着争斗。当事人既无法抛弃任何一方,也无法把两者协调统一起来,他们力图摆脱这样狼狈的两难心态,却一而再,再而三地失败,他们自己也知道这种心理是不正常的;二是精神痛苦。由于心理冲突而又无力解决,内心感到痛苦;三是持久性。一般要持续三个月以上仍不能自我化解;四是妨碍人的心理功能或社会功能。一般来说,人生是不能避免心理冲突的。哲人的心理冲突能迸发出智慧的火花,文学家的心理冲突能产生感人的诗篇。健康人并非没有心理冲突和痛苦,而是心理冲突和痛苦成了他们创造性活动的动力。而神经症患者的心理冲突却不然,引起心理冲突的问题可以是固定不变的，致使当事人陷在一个问题里不能自拔。患者的问题也可以经常变化，从人生现实中的重大事件变成生活中的鸡毛蒜皮，并形成恶性循环，日益严重地妨碍着他的心理功能或社会功能，使其不能自拔、心力交瘁，不能从事正常的生活、学习、劳动；五是没有任何器质性病变作为基础，也就是说并没有发生过重大疾病或身体的伤害。

在押人员常见的神经症主要有如下几种：

1. 抑郁症

其主要表现为：

(1) 兴趣减退甚至丧失，即对原来感兴趣的事物出现兴趣减退甚至丧失。

(2) 对前途悲观失望，对改造、生活、劳动感到前景暗淡，甚至感到绝望。

(3) 无助感，常感到对处境毫无办法，对自己的不幸和痛苦无能为力。

(4) 筋疲力尽，感到缺乏动力，对任何事都懒散懈怠。

(5) 自我评价下降，常感到事事碰壁、处处受挫，自己什么事也办不成，一办就砸，看不到自己的优点，有很严重的自卑心理。

(6) 感到生活或生命本身没有意义，活着还不如死了好，多次产生自杀念头，甚至产生自杀行为。

有人做过统计，说抑郁症者中 50% 的人是以自杀结束生命的，而自杀的人群中有 70%～90% 患有抑郁症。因此，患有抑郁症的在押人员应引起高度注意，一旦有了抑郁情绪或有了自杀想法，应到看守所心理咨询室或向警官寻求帮助。自杀念头不是因为有某种事件逼着你去自杀的,而是一种病态。得了这种病,如果自己不知道,其结果往往就会导致自杀事件发生。

2. 焦虑症

由于看守所的特殊环境,焦虑症也是在押人员常见的心理障碍。焦虑症主要有如下几方面表现:

(1) 当事人的基本内心体验是害怕。如提心吊胆、忐忑不安,甚至极端惊恐或恐怖。

(2) 这种情绪是不快和痛苦的,有种迫在眉睫或马上就要虚脱昏倒的感觉。

(3) 这种情绪指向未来,似乎预感到灾难将降临到头上,实际上并没有任何威胁或危险,即并没有确定的、可引起害怕的客观对象和具体而固定的观念内容,属于自己吓唬自己。

(4) 伴有身体不适感。如出汗、口干、嗓子发堵、胸闷等。

(5) 存在运动精神性不安。如坐立不安、来回走动,甚至表现出惊叫、呼救、拉着别人的手或衣服不肯松开等。

(6) 存在睡眠困难。大多是入睡困难,而且往往早醒或在睡梦中惊醒。

3. 神经衰弱

神经衰弱是由于长期存在的精神因素引起脑机能活动过度紧张而产生的神经精神活动能力的减弱。其症状表现主要有:

(1) 精神既兴奋又疲劳,联想和回忆增多且杂乱,无论是劳动、学习,还是看书、看报,甚至连看电视都可以引起许多杂乱联想和回忆。

该想的想不了，不该想的老是在想。思想倾向于兜圈子和重复，但细想又没有想什么有价值的事。

(2) 当事人感到痛苦但又摆脱不了，形成烦恼、易激惹和心情紧张。

(3) 伴有心理生理障碍，如失眠、头痛等。

4. 其他神经症

(1) 恐怖症。当事人过分或不合理地恐惧某种处境，明知没有必要，但仍不能防止恐惧发作，极力回避所害怕的处境，如广场恐怖症的人害怕到空旷的地方。

(2) 强迫症。其特点是有意识地自我强迫和反强迫并存，二者强烈冲突使当事人感到焦虑和痛苦，虽能意识到强迫症状的异常性，但又无法摆脱，如有的人怕被传染上疾病总是不停地洗手，虽然知道没必要，但仍然控制不住。

(3) 疑病症。自认为患了某种身体疾病而烦恼和抑郁的症状。当事人对自己的健康过分关心，常从一个医院到另一个医院反复要求检查，尽管医生说没病，但并不相信，仍要求反复检查。

三、人格障碍

人格（又称个性）代表着人的整体精神面貌，指个体与其社会生活环境相互作用过程中塑造出来的独特的认知方式、情感特征和行为风格。因此，具有怎样的人格特征就决定了一个人将如何观察外界事物，如何思考问题，抱有怎样的态度和动机，产生怎样的情绪体验，选择怎样的行为，采取怎样的行为反应方式等。

人格是在一定的社会文化背景上形成的，与个人的成长历史有关。

但是，人格形成也和人的生物遗传因素有关。一般来说人格障碍是在某种不健全的先天素质基础上，在后天不良社会文化环境影响下造成的人格发展偏离正常和人格结构缺损，即人格障碍是指人格特征明显偏离正常，在人格发展的内在结构中有着严重的不协调，从而表现出特有的认知方式、情绪反应、动机和行为活动异常的特殊模式，且对环境适应不良，使其社会交往功能和职业功能蒙受严重影响，以致给他人和社会带来损害，也使自己感到痛苦。

人格障碍的类型主要有：偏执型人格障碍、分裂型人格障碍、反社会型人格障碍、冲动型人格障碍、表演型（癔症型）人格障碍、强迫型人格障碍、焦虑型人格障碍、依赖型人格障碍等，这里就在押人员中较常见的反社会型人格障碍和偏执型人格障碍做简单介绍。

1. 反社会型人格障碍

反社会型人格障碍曾被命名为"缺乏谵妄的躁狂""悖狂""精神病态卑劣""心理病态人格"等，其最显著特点是：缺乏道德、反社会性强和无法爱人与接纳他人的爱。这种人格障碍具有如下特征：不真诚、不坦率、不可信赖，具有高度的利己主义倾向；对人冷酷无情；容易冲动，其行为表现为受偶然动机的驱使，往往做出违法乱纪的事情，但是没有悔恨羞愧之意，不能从生活中吸取教训；对挫折的耐受力较差，往往把不利的结果推诿到别人身上，而为自己开脱，认识与行为往往脱节。反社会型人格障碍患者在幼年时往往就有学习成绩不良、逃学、被学校开除、漫游、反复饮酒等表现。他们往往对自身的人格障碍缺乏自知力，对破坏行为缺乏内疚感和负罪感。这是在押人员中最常见的一种人格障碍，而且反社会型人格障碍大多是导致其犯罪的原因。要消除这种犯罪心理，必须要有坚强的意志力，敢于和自己过不去；靠自觉遵守严格的纪律，培养自己的规范意识；靠艰苦劳动磨炼自己，培养劳动观念，学习劳动技能；靠认真学习培养自己的道德意识和法律观念，建立责任心，体会人间温情。

2. 偏执型人格障碍

偏执型人格障碍以猜疑和偏执为特点，常具有如下特征（至少3项）：

(1) 对挫折和遭遇过度敏感。

(2) 对侮辱和伤害不能宽容，长期耿耿于怀。

(3) 多疑，容易把他人的中性或友好行为误解为敌意或轻视。

(4) 好斗。

(5) 易有病理性嫉妒。

(6) 过分，以自我和自我为中心的倾向，总感觉受压制、被迫害，甚至申诉、上诉，不达目的不肯罢休。

(7) 具有将周围或外界事件解释为"阴谋"等的非现实性优势观念，因此对周围的人和事过分警惕并抱有敌意。

四、癔病

癔病是在押人员中常见的又很容易被忽视的心理疾病。其表现是部分或完全丧失对自我身份识别和对过去的记忆，有时是在遭遇无法解决的问题和冲突时产生了不快心情，然后转化成躯体症状表现出来。但他们经医院检查都没有发现器质性病变。常见的症状主要有：

1. 类似癫痫样痉挛发作

发作前可有头痛、胸闷、心烦等。发作时,四肢抽动或僵直,两眼上翻,但意识清醒,带有各种有目的的活动。如,撕衣服、发怪声等。面部表情夸张、做作,发作后往往哭泣或不语,病人感到全身疼痛,疲乏无力。

2. 肢体震颤,肌阵挛

震颤振幅粗大可累及一肢、或四肢、或全身肌阵痉挛,是一群有协调技能的肌肉快速急动。如,眨眼、摇头、面肌抽动等,有时也表现为肌肉挛缩或僵直状态。

3. 瘫痪

如,偏瘫、截瘫、单瘫等形式。某女性自16岁起瘫痪在床,近20年来生活完全依靠他人照料,连翻身都需要别人帮忙。2007年12月开始,该病人在无人的时候竟然能够站起来走路,而且不像是体格虚弱者那样有气无力地走路,而是比较正常的行走,但询问该病人是否知道自己走路,她回答不知道。经了解,该患者小时候常得病,某次与其兄吵架被打后,就起不来床了。经心理治疗后,该患者逐渐得到了恢复,能够正常行走与生活。这就是癔症型瘫痪。

4. 言语运动抑制

表现为"缄默症"和"失音症",不能用言语答复别人,但阅读或书写能力仍保持良好,失音症病人不能发音但无器质性病变。如笔者曾治疗过一位失语症在押人员,该人员入所后心理压力很大,多次产生自杀念头。有一天突然不能说话,经医院检查没有发现器质性病变,后经心理咨询恢复了说话能力。这是一例很典型的癔症性失语症。

5. 感觉过敏

表现为某些皮肤过敏区的存在,轻微触摸,即感觉剧烈疼痛,过敏的范围常呈手套样或袜套样。

6. 麻木

常表现为躯体感觉缺失或视听机能障碍,如当事人突然失明但能经过障碍物;蒙上眼睛针刺麻木部位。当事人说出心里想到的第一个数字,则准是与针刺数目相同等。

7. 情感爆发

当事人在精神因素作用下,常常突然精神失常、哭笑、打人毁物或做做作表情等,发病中患者心里明白,但控制不住。

8. 意识蒙眬

意识范围缩小、感知觉迟钝、意志力不完整或有鬼神附体体验。

9. 假性痴呆或童样痴呆

表现为忘记自己(身份、姓名等),回答问题风马牛不相及或表现为儿童状态,但智力并无障碍。

10. 癔病性遗忘症

急性发作后,突然表现出对自己遗忘、对过去遗忘等。

在押人员发现这类症状,尤其是出现了躯体症状,但经医学检查没有发现器质性病变时,应及时到监所心理咨询室或向警官寻求帮助。

癔病靠吃药打针获得的治疗效果一般不好，心理咨询效果最佳。

五、性心理障碍

性心理障碍是指以性行为的心理和行为明显偏离正常，并以这种性偏离作为性兴奋、性满足的主要或唯一方式为主要特征的一组精神障碍。主要有三种类型：一是性身份障碍，如易性症（认定自己的性别与现有的性别特征和性别身份相违背）；二是性偏好障碍，如恋物症（反复收集、玩弄异性所用物品）、异装症（对异性服饰特别喜爱）、露阴症（在异性面前暴露自己的生殖器）、窥阴症（喜欢偷看别人的性活动或异性裸体）、挨擦症（经常在拥挤的场合以身体的某部分，触摸异性身体并伴有手淫）、性施虐和性受虐症；三是性指向障碍，即同性恋。

在押人员中存在的性心理障碍和不良性行为主要有鸡奸、手淫、物淫等。

有些人认为同性恋也是一种心理障碍。同性恋是指对同性产生性兴趣并以同性躯体为满足性欲的对象。如仅对同性有性欲望或性动机，可谓之同性恋倾向，兼有性行为者则为同性恋。同性恋在有些国家作为性心理障碍，在有些国家则不认为，比如同性恋在全美都是合法的。

笔者认为如果从人作为动物的一种，性作为动物种族繁衍的工具这一角度来说，同性恋是一种性心理障碍。在押人员中更常见的是由于环境因素导致的性心理异常，也就是假性同性恋，这些人一旦回归社会后仍会以异性为性满足的对象。但不管怎么说，同性恋、鸡奸、过度手淫是不能登大雅之堂的，当事人想起自己的行为也会感到难以启齿。长期存在这些不良行为习惯，自己的内心会产生心理冲突，久而久之也会导致其他心理问题的产生，影响改造、生活、学习和劳动，并产生自责、自罪心理。因此，主动消除这些不健康的性心理是很有必要的。对于假性同性恋通过心理矫治也是很快就能转变的。

异常心理患者应及时寻求治疗，精神病患者要及时到医院进行治疗，神经症、人格障碍、性心理障碍一般在监所心理咨询室是可以获得帮助的，也可由看守所邀请专家参与治疗。

第六节　心身疾病

　　心身疾病是指那些主要或者完全由心理或社会因素引起，与情绪有关而主要表现为身体症状的躯体疾病。人是生理和心理紧密结合的有机整体，精神和躯体在同一个生命系统中，共同起着作用，因而生理和心理两方面的因素和人体疾病都有密切的关系，现在人们已逐渐开始知道许多身体疾病都有其心理根源。一般来说，人体的各个器官系统都能罹患心身疾病，但是那些与情绪的联系特别密切，由植物神经系统支配的器官如心血管、胃肠和泌尿生殖等器官系统更易罹患这种疾病。情绪对人的身体健康有重要影响，良好的情绪有益于身体健康，如开怀大笑100次，相当于骑车15分钟。笑声能使人卸去多余的压力，保护血管内壁，从而减轻心脏病发作的概率。再如，心怀感激的作用如同康复治疗，类似爱、感激和满足这样的情感会刺激脑下垂体后叶激素的分泌，并使神经系统放松，减轻压抑感，体内组织的含氧量也会显著增加，而常年压抑会使胆固醇升高，导致血液中葡萄糖和脂肪酸增加，患糖尿病和心脏病的风险自然也就大了。在押人员长期处在这种非自愿的又失去自由的环境中，压力是在所难免的，产生不良情绪也是难免的。因此，在押人员是患心身疾病的高危人群。了解经常发生的这些心身疾病，有助于保持身体的健康。常见的心身疾病主要有：

一、心血管系统疾病

1. 原发性高血压

最终可能导致心脏、肾脏或脑血管损害,发展到晚期常常并发脑出血、脑血栓、冠心病和肾衰竭等严重威胁生命的心脑血管并发症。

一般认为,原发性高血压是在遗传上具有高血压素质的人,由于其独特的人格特点,使其在生活中容易受社会紧张刺激的影响而引起较大的情绪变化,并以交感神经系统为中介,引发反复的血压升高反应,从而导致高血压病。另外,摄盐量过高或肥胖的人也容易患高血压症。

2. 偏头痛

剧烈的一侧性头痛并伴有呕吐,有时疼痛可侵及头、舌、颈的任何部位,最常见的是半侧前额、一侧太阳穴或眼眶周围。发作前或期间伴有恶心、视力模糊、食欲缺乏、对光及声响极端敏感等症状。

3. 心绞痛(冠心病)

由于冠状动脉血管暂时不能充分地供应心肌以含氧的血液引起突然的胸部剧烈疼痛。

4. 雷诺氏病

由于上肢端手掌与手指等部位小血管痉挛收缩,造成发凉或麻木。

5. 心动过速

心率骤然地加快且无节律(100次以上每分钟)。

二、胃肠系统疾病

1. 消化性溃疡

指胃壁或十二指肠呈现局部性的溃烂性病灶,其发生是由于当事人在长期的不良情绪状态下,通过内分泌的中介作用,胃液分泌持续增多,造成充血的胃黏膜脆性增加,从而发生胃及十二指肠内壁的糜烂病灶。

患消化性溃疡症的当事人一般不好交往,行为上因循守旧、被动、顺从、依赖性强、缺乏创造性、情绪不稳定且过分关注自己。

2. 溃疡性结肠炎

结肠或大肠上出现炎症,造成腹泻、便秘、疼痛,严重时造成出血、贫血等。

3. 神经性厌食症

进食不足,消瘦,严重时可导致死亡。

三、泌尿生殖系统疾病

1. 排尿障碍

主要有遗尿、尿频、尿痛或尿失禁等。

2. 阳痿

生殖器不勃起。

3. 妇科疾病

包括阴道炎、盆腔炎等。

四、内分泌系统疾病

1. 甲状腺机能障碍

甲状腺激素分泌过多（即甲亢），导致易激动、烦躁，消瘦，眼球外突。甲状腺分泌不足则引起呆滞肥胖，疲乏无力等。

2. 糖尿病

血糖和尿糖含量增高，引起过分口渴、虚弱无力和体重减轻等症状。

五、呼吸系统疾病

1. 支气管哮喘

主要表现为肺呼吸道黏膜肿胀、痉挛、变窄而引起的呼吸困难。

在不发作时，多数当事人呼吸正常。发作时，通常起病比较急，先是感到胸闷发憋，随后咳嗽和喘息，持续时间可几分钟也可达数天。支气管哮喘分为两种：一种是外源性的，可以找到使人过敏的物质，如花粉、灰尘等；另一种是内因性的，一部分是由呼吸系统感染，另一部分则可能是由于情绪因素所致。

2. 过度换气综合征

呼吸过分地加快、加深、胸部憋闷、头痛、恶心和心悸。

3. 慢性呃逆

横膈肌痉挛发作，可造成呕吐或失眠，疲惫。

六、皮肤病

1. 荨麻疹

主要指发红、发痒、隆起的和条状的皮肤病变,通常成片出现。

2. 斑秃

头发突然一撮一撮地部分或全部脱落。

3. 神经性皮炎

身体某些部位的皮肤发生炎症,出现发红、发痒的斑块。

七、肌肉和骨骼系统疾病

1. 周身疼痛症

主要指背、腰、肩、颈、四肢及头部肌肉的紧张和疼痛。

2. 类风湿性关节炎

关节疼痛和肿胀。

学会控制调节自己的情绪和心态,可有效避免心身疾病的发生,利于保持健康的身体。

有人把身心健康的标准总结为"五快"和"三良"。"五快"即吃得快、便得快、睡得快、走得快、说得快;"三良"是良好的性格、良好的人际关系能力和良好的处事能力。对照这个标准,你可发现你的身体和心理状态是否处于健康水平,如若有别,那就有必要进行身体或心理的体检了,做到防患于未然,对你的身心总是有好处的。

> 拓展苑

A型行为方式

心理学家把人的行为类型（人格特征）分为两种，即A型和B型（也有人划分出了C型）。A型行为方式的人在中年时易患冠心病，因此，也被称冠心病行为方式。其性格和行为特征如下：

A型的人动机强烈。这样的人做事急躁，没事干闲得发慌，无法应付空闲时间。没耐性、争强好胜，常常同时做两件或多件不同的事。易激动、行动快、做事效率高，整天忙忙碌碌，常感到时间不够用，对别人做事老是不放心，见别人做得慢或做得不好就心急如焚，恨不得自己替别人做。他们说话快，喜欢打断别人的话或催促别人快点讲，说话坦率，出口无心，声音洪亮，言不择词。走路常常是急匆匆的，不愿跟在别人后面慢慢走。长期处于一种焦虑紧张的应激状态中。

A型行为的人追求成就，主要是为了与别人竞争。爱占上风，只能赢不能输。A型的人具有敌意，他们不仅为了达到特定的目标而伤害他人，还可能故意伤害他人。他们一般不参与工具性攻击，即通过攻击获得伤害他人之外的某些目标，如获取物质利益，或从他人处获得荣誉等。

B型的人正好相反，悠闲自得、不好争强。

A型的人患冠心病发病率明显高于B型的人，而且容易复发，死亡率也大大高于B型的人。

A型性格的人患冠心病的比率在98%以上，当然A型性格并不等于冠心病，只要注意也是可以避免的。之所以患冠心病的可能性大，这是由于在长期的应激状态中，会通过神经内分泌机制引起一系列生理生化变化，如血液中血小板数目增加，血清胆固醇和甘油三酯浓度的提高等，特别是急躁发怒时，血清内胆固醇的含量在半小时内可增高一倍。长期处在紧张应激状态，还可使儿茶酚胺的分泌增加，引起心跳加快、血压升高，这正是诱发冠心病、心脏病以及各种心脑血管疾病的因素。

了解这些，经常注意调节自己的情绪，有助于避免患心脑血管疾病。

（摘自《小故事，大道理全集》，吉林教育音像出版社）

第七节　躯体疾病引发心理及行为问题

大家已经知道，心理问题会导致身体疾病。同样地，身体疾病也会产生心理问题，心理问题又会反作用于躯体疾病，形成恶性循环。

一、身体疾病导致心理问题

有些人突然在一段时间内情绪或性格发生了较大变化，如一段时间以来情绪低落、郁郁寡欢，或者本来外向的性格突然变得内向起来，可现实生活中并没有引起这种变化的负性刺激事件发生，这时应首先要考虑到身体发生了疾病。因为一些疾病虽然发生了，但自己可能尚未觉察，这在在押人员中也是比较常见的，应引起重视，应及时向看守所干警提出申请体检，防患于未然。生理功能的改变引起的心理活动的改变，往往被人忽略，致使身体疾病进一步恶化才会被发现，但这时已进入晚期很难救治了。

二、心理问题会恶化身体疾病

即使在患者获悉已患某种机体疾病以后，也会加重相关心理问题，心理问题加重导致机体疾病的进一步加重，从而形成恶性循环，使本不太严重的身体疾病变得更加严重，使患者本可多活几年，结果几个月就离开了人世。心理问题是怎样恶化机体疾病的呢？美国生理学家爱尔马曾做过这样一个实验：

把人们在不同情绪状态下呼出的气体收集在玻璃试管中，冷却变成水，结果发现：心平气和时变成的水澄清透明，无杂物色；生气时变成的水有白色沉淀，将这些"生气水"注射到大白鼠身上，几分钟后大白鼠就死了。实验结论是人在生气时，生理反应非常剧烈，会分泌出许多具有毒性的物质。

这个实验告诉我们，本来身体已经有了病，如果情绪进一步恶化，就会加重躯体疾病的恶化。

当然，出现情绪和性格的变化也应注意年龄对心理行为活动的影响，应注意区分是情绪变化的结果，还是身体疾病的结果。从心理发展的角度来看，人从出生到死亡是一个精神活动的连续体，在这个连续体的不同发展阶段上，心理活动也有其各自的特征，因此行为与情绪表现要与年龄相吻合。比如，尿床在儿童属于正常行为，而成人则属于异常行为了。再比如，老年人由于记忆力减退，在描述一件事实时，有时会出现张冠李戴的错误，甚至子虚乌有的虚构，我们也不要轻易地就认为是老年痴呆。

拓展苑

英国网球明星吉姆·吉尔伯特之死

英国网球明星吉姆·吉尔伯特小时候经历了一件意外事件。一天，她跟着妈妈去看牙医。牙病有时候会引起心脏病，可是她的妈妈之前没有检查出存在这种隐忧，结果在治疗牙病的过程中，小女孩看到了惊人的一幕：妈妈猝发心脏病死在了手术椅上。这一幕在她幼小的心里留下了可怕的阴影,并在她心中一直萦绕着,那一幕无论如何也不能从她的脑海里抹去。她并非不懂得这是一种心理疾病,可她对待自己的心理疾病采取了回避再回避的态度,甚至在心里立下誓言,即使患上牙病也不要去看牙医。

后来,吉姆·吉尔伯特成了著名的球星,过上了富足的生活。天有不测风云,她果真得了牙病,并且被折磨得死去活来,家人实在不忍就劝她把牙医请到家里来进行治疗,还告诉她有这么多的亲人陪伴在她身边,没有什么可怕的。于是,她同意请来牙医。正当牙医整理手术器械,准备手术的时候,她却意外地死去。这个故事告诉大家,心理暗示的力量,不仅会在心里留下生命中的阴影,还会影响到你的生命质量。

(摘自《小故事,大道理全集》,吉林教育音像出版社)

第三章

犯罪心理与犯罪行为

第一节　犯罪心理的产生

前面我们讲过了心理的形成过程及影响因素，犯罪心理也是心理疾病的一部分，其形成过程基本是一致的，但影响因素具有特殊性。只有认识到犯罪心理的形成原因，才能对症下药，才能更好地把自己塑造成为一个对社会有用的人，成为社会认可和接受的人。

一、影响犯罪心理形成的环境因素

人从出生到死亡的整个人生过程都会受到环境的影响，比如婴幼儿时期家庭的影响、青少年期学校的影响、成人后社会的影响等。这些影响大部分是积极的，但也有许多是消极的，有的人接受积极信息为主，则成长路途平坦；有的人接受消极信息多，则其人格可能会变得怪异或者导致犯罪。

1. 家庭的影响

在婴幼儿时期，人们不仅学习符合社会需要的知识技能、行为规范等，也可能受到不良教育的影响，形成不符合社会要求的心理倾向和特征。虽然人们并不把婴幼儿不合要求的行为看成犯罪，也不把这类不合要求的心理成分看成犯罪心理，但是这类心理成分实际上是犯罪心理形成的萌芽，犯罪心理往往就是在这类心理成分的基础上发展起来的。

个体的犯罪心理形成和发展，经历了一个逐渐演变的过程。在这一过程中，个体的反社会性不断增强，比如起初是欺负同伴、打碎别人的玻璃、小偷小摸、用谎言骗取零花钱等，随着犯罪心理的加剧，个人的外显行为也不断恶化，行为的社会危害性逐渐增大，有些人会进行一些比较严重的危害行为，最后犯罪心理演变在心理结构中占了主导位置，一旦遇到相应刺激，则会引发犯罪行为的发生。

在现实生活中，我们也经常看到一些小时候有不良习气和越轨行为的人，长大后成为严重犯罪人的事例。俗话所说的"小时偷油长大偷牛""三岁看老"等就是说的这类现象。回忆一下自己的成长历史，看看家庭信息，对犯罪心理形成的影响，可以侧重从如下几个方面进行剖析：

(1) 不良的养育方法。每个父母都会宠爱自己的孩子，但结果是极不一样的，有的孩子能成才，有的孩子却一事无成，更有甚者却成了犯罪人。

父母对子女不良养育行为主要表现在如下几方面：父母在养育子女中，采取冷漠态度，对子女忽视不管，使子女缺乏对人的情感；放纵子女为所欲为，导致其规范意识缺乏，很容易使子女产生犯罪心理；父母双方的要求不一致，对子女的态度前后不一致，纵容娇惯，过分严苛，容易使子女的价值观、道德观偏颇，也容易导致犯罪心理的形成。

(2) 缺乏母爱。是指儿童失去母亲或者不能与母亲交往，因而在生理和心理方面，得不到母亲给予的照料与关怀的现象。缺乏母爱的儿童，甚至青少年，由于容易形成无感情性格和病态人格，可能会残忍地、缺乏同情心地对被害人进行犯罪行为。

(3) 破裂家庭。破裂家庭主要是指由于死亡或者离婚，造成父母一方缺失的家庭。这样的家庭对子女的消极影响主要是：缺乏监督和管教，缺乏感情发展的条件，家庭破裂前后对子女造成的创伤性体验，缺乏心理认同的对象，培养的内容也不全面，得不到有效的社会心理和经济支持。

(4) 家庭成员的犯罪行为。大量调查研究表明，犯罪人比正常人更有可能会有犯罪的父母和兄弟姐妹。也就是说，父母犯罪，子女相对犯罪的可能性更大一些。其主要原因是：

第一，心理影响的作用。家庭成员的犯罪行为，会使其他成员破除对犯罪行为的神秘感，片面了解犯罪行为可能带来的利益和好处，形成反社会人格并在狭隘范围内对犯罪行为持赞许态度，获得进行犯罪行为的支持，消除对被害人的同情和怜悯态度，学会对犯罪行为的合理化技巧，从而很容易在他们的影响下形成犯罪心理和进行犯罪行为。

第二，父母犯罪后疏于对子女的教育和管理，尤其对自己犯罪心理产生认识不足，仍存有较稳固的犯罪心理结构或反社会人格。在价值观、为人处世及社会规范方面都会对子女产生潜移默化的负面影响。再加之因家人，尤其是父母犯罪子女形成的自卑心理，很容易会形成变态人格和反社会心理。在押人员同样为人父母，更应注意对子女的社会认同性教育，努力避免子女重蹈自己的覆辙。当然，要做到这一点，首先要自我消除犯罪心理，否则你会在不知不觉中对子女产生负面影响。

第三，行为示范作用。家庭成员的犯罪行为，为其他成员了解、模仿犯罪行为技能提供了方便，这也是许多家庭多人犯罪根源所在。

2. 不良的学校教育

在学习风气差、师资质量差、纪律状况差的学校学习的学生，迟到、早退、旷课、打架斗殴、拉帮结伙、流氓与破坏行为等发生率一般相对较高。上述情况不仅会严重影响学生的学习成绩和健康发展，造成学生在学习上的失败和对学校适应的困难，而且会使学生造成严重的挫折感，甚至会出现很多违法乱纪等行为。

3. 不良交往与亚文化

不良交往是指个人与道德品质差，甚至进行违法犯罪行为的人的交往。亚文化是指在一个社会的某些群体中存在着不同于主流文化的价值观念和行为模式。犯罪亚文化是指与犯罪活动密切联系的一套价值观念和行为模式，尤其在犯罪帮派中，更有一套完整的犯罪亚文化，其内容包括对犯罪行为的赞赏、将犯罪活动合理化的情绪、进行违法犯罪活动所必需的技能传授等。身处犯罪亚文化氛围中就会逐步形成犯罪心理、学会犯罪技能、互相鼓励犯罪行为，形成习惯性犯罪。在监狱和看守所中，犯罪亚文化群还是比较常见的，一不留神就会溜到里面去，葬送自己的改造成果，甚至毁了自己一生。

4. 在社会生活中存在着经济不平等，会产生多种消极的心理现象，在缺乏正确的价值观和健康心理的情况下，会逐步促成犯罪心理的形成

(1) 嫉妒。与经济不平等有关的嫉妒，是指个人在认为自己的付出与奖赏比例没有别人高时，产生的一种羡慕与恼怒相交织的复杂情绪状态。许多经济类犯罪就是这样产生的。产生了嫉妒情绪的人通常会使用以下四种方式之一进行适应：① 增加自己的努力，以便获得更大的奖赏，这是积极的适应方式；② 责备自己，在自己身上寻找得不到适当奖赏的原因，有时会产生自卑感，这是一种消极的适应方式；③ 使用秘密行动或者公开暴力，夺取别人的利益，这种情绪就会变成一种犯罪动机,引起多种犯罪行为;④也可能采取奸诈的小人方式让别人也得不到,以求自己的心理平衡,这是一种不道德的行为。

(2)挫折。人生在世,挫折会伴随人的一生,在面对挫折导致的紧张、焦虑、愤怒、沮丧、绝望等情绪时,有些人能够自我调节,而有一部分人会想不开而形成心理问题,更有甚者,有一部分人会在挫折面前实施各种犯罪行为以达到情感发泄。

5. 毒品或精神药物

涉毒犯罪一方面是由于受到利益的诱惑,强行激发并增大了原始本能激发需求的动力,比如贩毒者;另一方面是由于毒瘾发作而需要大量金钱做后盾,不得不贩毒。毒品会使毒品使用者更加冲动,变得不考虑行为的代价,眼睛只盯到犯罪行为所带来的直接好处上。

6. 环境对犯罪心理强化

部分在押人员由于其犯罪心理结构尚未破除或尚未彻底破除,在与其他在押人员的不良交往中,犯罪心理得到了强化和稳固。这是一个务必引起注意的现象。应该说每一个人都有积极向上的主观愿望,每个人都不希望自己坠落成为罪犯,但在押人员如果不能积极主动地去破除自己的犯罪心理结构,那么很容易进一步强化原有的犯罪心理结构,不仅会导致押内犯罪,而且在回归社会后也极有可能重新犯罪。

二、个人因素的作用

对现代犯罪遗传学的研究认为,一些犯罪人的犯罪与其人格等个人因素密切相关,而他们的人格等个人素质又深受直接或间接的遗传因素的影响。一些遗传因素，例如父母、祖父母患有精神病、智力低下、性格异常、恶习等对犯罪人的人格的形成起着重要的作用，他会使犯罪人在这些遗传负因的作用下比较容易形成不良的或反社会的人格，加大了实施犯罪行为的可能性。

遗传是指犯罪心理的某些成分是遗传获得的，在个人出生时就可能具有这样的特质。这些心理成分主要是指个人的一些可能引起危害行为的原始性本能和倾向，例如攻击性、享乐性、自私、贪婪、征服欲望、自我显示倾向、自我中心和极端的趋利避害倾向等。有人可能会说，犯罪怎么还能遗传，其实这个道理大家应是可以明白的。从人类历史的发展长河来看，人类的文明是不断发展的，大脑也是不断发展进化的。为什么会这样呢？这是因为遗传在这中间起着很重要的作用。既然正性可以遗传，那么负性的东西怎么就不可以遗传呢？遗传很多时候是在潜移默化中进行的，是不能直观定量测量出来的，这些负性的遗传素质，就是最原始的未经社会化的某些本能。当然，这仅仅是具有某些倾向性，并不代表一定要发生或去实施犯罪，只不过是增大了犯罪的可能性。通过学习心理健康知识，有助于学会控制自己的不良情绪，避免采取犯罪的方法解决问题。

为什么要重点讲一下遗传的作用呢？有两个方面的问题需要说明：一是一个人的犯罪心理结构可能并不是犯罪时才形成的，而是有历史过程的。一个人的犯罪对其后代也会产生影响。二是要明白具备一些遗传特质的个体，并不一定必然会犯罪，他们接受教育的情况很重要，尤其是作为已有子女的犯罪人员，他们的犯罪心理如不能主动破除，他们的价值观和教育方向性都会潜移默化地影响着子女的成长。

三、犯罪心理的形成表现

在一定的遗传素质基础上通过成长过程中不断接受正负各方面信息，形成了每个人的处事原则和方法，这些原则和方法具有不同的个性倾向性，犯罪心理结构的形成也是其具体体现形式之一。在押人员了解这些犯罪型人格特征，将有利于自我克服缺点和不足。

犯罪型的人格特征体现在如下七个方面：

1. 反社会人格障碍

这是对社会有严重危害性的一种人格，这种人格类型不真诚、不坦率、不可信赖、是高度的利己主义者，对人冷酷无情、容易冲动、行为受偶然动机的驱使。这样的人很容易成为性犯罪人、屡教不改的累犯和暴力犯罪人。

2. 智力和能力方面的缺陷

根据心理测验来看，很多犯罪人在智力结构中存在着聪慧性差的现象，主要表现为理解能力差、思维混乱、缺乏逻辑性。对事物的分析判断头脑简单，许多犯罪行为都是由于智力要素匹配不完善，导致学业失败、社会适应能力欠缺、预测能力和自我调节能力差的结果。

3. 过分以自我为中心倾向

自我中心是指个人在考虑和解决问题时完全以自己为中心，不考虑社会和他人的心理倾向。具有这种心理倾向的人在考虑问题时，以个人的利益得失为标准来区分是非善恶、衡量周围的一切，而不考虑社会规范和他人利益。病态人格和反社会型人格犯罪人员自我中心倾向表现得更加严重，他们中的许多人在考虑问题和采取行动时，完全像个没人管而又缺乏教养的孩子那样任性、固执。因而在行为中就很容易超越规范——法律习俗、道德、规范的要求，以这样的思维定式在解决与个人利益发生冲突的事件时，很容易采取越轨行为。

4. 高度的外部归因倾向

自我服务倾向是指人们在分析事物原因时，把积极的结果归于自己，而把失败的原因归于外界的思维倾向。许多犯罪人身上都存在高度的外部归因倾向，他们在分析事物的原因时缺乏理智、客观的态度。在调查中也发现，相当多的在押人员把自己犯罪的原因归于他人或社会，这是造成其社会适应不良和挫折的重要因素，尤其是在被捕关押期间表现更为明显，这是自我改造的绊脚石。在押人员从主观上应意识到这一点，才有利于改造。

5. 本能失控

当人处在醉酒状态或突发性的情绪状态时，许多人会情绪失控。我们常说的"酒后吐真言""酒壮人胆"以及一些激情犯罪均是在情绪失控的情况下，无意识中的本能动机直接进入的意识，形成各种犯罪行为。

处在激情状态的人，往往会改变自己原来的观点，把发生的许多事情看得不同寻常,给以完全不同的理解,使习惯的行为方式遭到破坏，意识范围缩小,往往只指向引起情绪体验的对象,而较少考虑其他方面；意识清晰度降低，常常不能意识到自己在做什么，对周围事物的认识较为模糊；理智分析能力受到抑制，不能正确评价自己行为的意义和可能产生的后果，完全贯注于自己的激情状态中；导致控制自己行为的能力减弱，行为完全受激情支配。

6. 偏颇的价值观

价值观是人们判断事物、现象、行为等是否有利于个人，以及是非、好坏、善恶、美丑、福祸的标准。当一种价值观通过内化而成为个人的行为导向时，就被称为"价值取向"，个人的价值观和价值取向通过人们对事物的评价和态度反映出来，对人们的判断行为具有重要的，甚至是决定性的影响。有什么样的价值观，就会决定人们做怎样的取舍，拥有不同价值观念的人，在经历相同的事情时，往往会采取完全不同的态度和行为方式。价值观具有一定的稳定性，某种价值观形成之后，往往表现出一定的价值取向和行为倾向，他们会持续较长时间，对个人心理和行为都产生重要影响。

价值观偏颇是指可能引发个人做出反社会准则的判断的价值观，偏离了社会主流价值观。犯罪人的价值观在多种程度上偏离社会道德和法律中蕴含的价值观，甚至与这些价值观相矛盾，结果在评价事物、现象、行为等对象时往往得出与一般人不同的结论，在追求那些符合自己意愿和价值观的目标行为时很有可能采取的是不良行为，从而构成犯罪。

7. 其他消极的人生观

人生观是指个人对人生的目的和意义的根本看法和态度，对于个人的心理和行为也具有重要作用。消极的人生观是指可能引导个体产生不道德观念和行为的人生观。消极的人生观主要表现为享乐主义、厌世主义、极端个人主义等。

拓展苑

分苹果的故事

一个人一生中最早受到的教育来自家庭，来自母亲对孩子的早期教育。美国一位著名心理学家为了研究母亲对人生的影响，在全美选出 50 位成功人士，他们都在各自的行业中获得了卓越的成就；同时又选出 50 位有犯罪记录的人，分别去信给他们，请他们谈谈母亲对他们的影响。有两封回信给他的印象最深。一封来自白宫一位著名人士，一封来自监狱一位服刑的人员。他们谈的都是同一件事：小时候，母亲给他们分苹果。

那位来自监狱的犯人在信中这样写道："小时候，有一天妈妈拿来几个苹果，红红绿绿，大小各不相同。我一眼就看见中间的一个又红又大，十分喜欢，非常想要。这时，妈妈把苹果放在桌上，问我和弟弟：你们想要哪个？我刚说想要最大最红的一个，这时弟弟抢先说出我想说的话。妈妈听了，瞪了他一眼，责备他说：'好孩子要学会把好东西让给别人，不能总想着自己。'"

"于是，我灵机一动，改口说：'妈妈，我想要那个最小的，把大的留给弟弟吧。'妈妈听了，非常高兴，在我脸上亲了一下，并把那个又红又大的苹果奖励给我。我得到了我想要的东西，从此，我学会了说谎。以后，我又学会了打架、偷、抢，为了得到想要得到的东西，我不择手段。直到现在，我被送进监狱。"

那位来自白宫的著名人士是这样写的："小时候，有一天妈妈拿来几个苹果，红红绿绿，大小各不相同。我和弟弟们都争着要大的，妈妈把那个最大最红的苹果举在手中，对我们说：'这个苹果最大最红，最好吃，谁都想要得到。很好，现在，让我们来做个比赛，我把门前的草坪分成三块，你们三个一人一块，负责修剪好，谁干得最快最好，谁就有权得到这个最大最红的苹果！'"

"我们三人比赛锄草，结果，我赢了那个最大的苹果。我非常感谢母亲，她让我明白一个最简单的道理：要想得到最好的，就必须努力争第一。她一直都是这样教育我们，也是这样做的。在我们家里，你想要什么好东西要通过比赛来赢得，这很公平，你想要什么、想要多少，就必须为此付出多少努力和代价！"

（摘自《小故事，大道理全集》，吉林教育音像出版社）

推动摇篮的手，就是推动世界的手。母亲是孩子的第一任教师，你可以教他说第一句谎话，也可以教他做一个诚实的且永远努力争第一的人。

第二节　犯罪行为的发生

人的无意识中的本能需求动力是有可能成为驱使个体进行犯罪行为的动机，也是个人人性的一部分，是每一个人都具备的。因此，在这个意义上也可以说，每个人都是潜在的、有可能犯罪的人，但现实并不是所有人都会去实施犯罪行为，这是为什么呢？我们认为这是由于大多数人在成长过程中不断将社会规范内化为自己的价值观，形成一种控制自己行为的能力，因而他就有可能不会成为越轨的人。

犯罪行为的发生是在潜在不良心理动机后，在外界刺激的引发下产生犯罪动机，在一定环境下，动机则会驱使犯罪行为的实施。从犯罪心理产生到犯罪行为的发生过程，我们可以发现在诱因和犯罪心理之间存在着一个极其重要的因素，即价值观或信念。

比如某人把装有 5000 元现金的包丢在了出租车上，那么现实中捡到包的人可能有如下一些做法：一是将捡到的包及时上交公司或设法寻找丢包人；二是进行内心的思想斗争，或者要把这个包据为己有，或者告诫自己这样做是不道德的、是违法的。二者斗争中如果贪念占了上风，那么，此人就会把包据为己有；如果健康的价值观占上风那么此人就会寻找丢包人，设法还给人家；三是在沦丧的道德观和价值观驱使下，迅速将包藏起来，并为自己设计各种推托借口，生怕丢包人来找。这三种情况在我们的现实生活中都不乏实例。那么，为什么同一诱因却产生各种不同的结果呢？人之所以不犯罪是由于存在着抑制犯罪的因素；人们之所以犯罪，则是由于抑制或控制人们行为的力量薄弱的缘故，这就是人的价值观。

因此，要想避免自己产生犯罪行为，就要建立自己健康的价值观和人生信念。

价值观并非一朝一夕就能形成，而是要经过长期积累才行，这就要求在押人员要正确认识自己可能存在的过失或犯罪行为给社会和他人带来的危害。在侦查和诉讼过程中积极配合，用坚强的毅力强制自己在生活中、劳动中、接受教育中、遵守纪律的过程中，培养自己健康的价值观，不然，正确健康的价值观不会自动形成，在遇到适当的诱因和环境时就可能再次犯罪。

一、初次犯罪成功的自我强化

有些罪犯在初次犯罪中，由于缺乏羞耻感、自罪感，犯罪过程成为自我强化实施犯罪行为的过程。

在初次犯罪后，有些人只看到了犯罪后果为自己带来的利益，如一些贪污受贿、盗窃、抢劫等犯罪，他们看不到犯罪行为带来的不良后果，如惩罚，甚至在意识狭窄的情况下，无限缩小其实施的犯罪行为有可能被发现、被惩罚的现实性。部分罪犯在实施首次犯罪中所获得的实物报酬，有可能会得到犯罪亚文化群体成员的赞赏，甚至感受到获得复仇后的快感。而被害人的痛苦、在他人面前的风光等又为自己带来了精神刺激，这时会错误地认为犯罪"值"，犯罪行为方式和认知体系得到了自我强化，因而其犯罪心理得到了进一步巩固，并逐渐演变成了习惯而难以悔改。

二、犯罪经验的推动

有些人每次犯罪行为的完成都会积累有关的犯罪经验,这些经验对后续犯罪行为又起到促进作用。比如,有的抢劫犯出监后见到合适的机会,手就会痒痒,自觉不自觉地又再次实施犯罪,这时起抑制犯罪作用的健康价值观似乎已不起什么作用,其最终结果就是自己稀里糊涂地再次走进监狱的大门。

犯罪行为的成功,解除了犯罪人对犯罪行为的恐惧。本来许多犯罪人并不是道德极端堕落、良心完全丧失的人,他们仍保留着一定的道德感,但随着多次犯罪实践,思想也就麻木了,进而颠倒了是非观,混淆了罪与非罪的概念,不把犯罪行为看成违反道德的行为,而看成社会生活中的一种行为。

三、破罐子破摔心理

由于犯罪行为而遭到社会歧视、拒绝,再加上对"犯罪人"这个标签的消极认同,有些人在心理上会把自己看成一个犯罪人,按照犯罪人的形象塑造自己,使自己的社会态度、衣着、言语和行为举止等与人们心中的"犯罪人"身份相符合,没有正确理解和接受人们对自己的不认同,去努力塑造"新我",而是与社会之间形成了恶性循环,最终只能再次实施犯罪行为。这种现象在在押人员中很容易见到。

四、得不偿失论心理

由于前期的犯罪使有些人该失去的都失去了,再次进行犯罪时会更多地考虑犯罪行为会给自己带来的利益和好处。然而,这是狭隘的认知，其犯罪行为所付出的成本，永远是大于收益的。

五、变态心理的作用

一些多次进行犯罪行为的犯罪人具有变态心理。对于一些犯罪人来讲，他们所具有的变态心理是导致他们不断进行犯罪的重要因素。一些人格障碍（或变态人格、病态人格）和精神疾病本身就潜存着多次犯罪行为的特征。例如，反社会型人格障碍中的多项症状就与累犯行为有关，包括经常逃学、反复说谎、反复偷窃、反复参与破坏公共财物活动、反复挑起或参与斗殴、危害别人时无内疚感等。具有变态心理的在押人员应主动向警官提出心理咨询和心理矫治，否则避免再次犯罪的可能性是比较小的。

六、病理性犯罪

在一些犯罪人的实施犯罪行为中，其犯罪目的不是犯罪结果，而是犯罪过程，甚至对犯罪所得并不在乎，他们在乎的是犯罪过程对自己的精神刺激力量。比如，有的盗窃犯对盗窃所得财物很不在乎，可随意抛弃或送给他人，他们寻求的往往是犯罪过程中对自己精神的刺激。再比如，有些盗窃犯被抓获判刑改造后出监，经过勤劳致富，本来生活比较富裕了，但在遇到适宜的环境时，很容易做出顺手牵羊的行为而重新犯罪。这都是一种病态心理在作怪。建议自己察觉到有这种病态心理的人员应主到要求进行心理咨询和心理治疗，这样才能有效地避免再次犯罪。

> **拓展苑**

为了一支烟进了监狱

马尔蒂是法国西南小城塔布的一名警察。这天晚上他着便装来到市中心的一家烟草店门前,他准备到商店买一包烟,这时门外有一个流浪汉向他讨烟抽,他没有给。当马尔蒂出来时,喝了不少酒的流浪汉仍缠着他要烟,马尔蒂还是不给。于是两人吵了起来,随着两人互相谩骂不断升级,双方情绪越来越激动。马尔蒂掏出警官证和手铐说:"你放老实点,不然我就给你点厉害看。"没想到流浪汉反唇相讥:"你这个混蛋警察,有什么了不起,看你能把我怎么样!"在言语的刺激下,两人打成一团,旁边的人劝警察别为一支烟发这么大火。被劝走的流浪汉边走边骂:"臭警察,有本事来抓我啊!"失去理智的警察拔出枪冲过去,连开三枪把流浪汉给打死了。最后这名警察因犯故意杀人罪被判了重刑。一个人死了,一个人坐牢,起因只是一支香烟,导致这种后果的罪魁祸首就是失控的激动情绪。

(摘自《小故事,大道理全集》,吉林教育音像出版社)

在押人员中很多人犯罪的原因可能比这一支香烟的事大不了多少。在看守所因为不能克制自己而引发争吵、打架,甚至流血冲突的情况也很常见。有时仅仅是因为你踩了我的脚,或者一句话说得不当,就成了违规违纪的导火索,仔细想想这值得吗?

人有七情六欲,遇到外界的不良刺激时,难免情绪激动,发火、愤怒,但我们对这种情绪不可放纵,情绪状态有可能使我们丧失理智,使我们不计后果行事。所以说,学会克制,对你的一生都是有好处的。

第三节　心理与行为问题的发生机制

作为一个成年人，在自身遗传素质的基础上，通过多年的教育和环境的影响，形成具有个性的心理，在面对同一问题时，其处理方式因人而异，每个人有自己解决问题的方式方法。具有心理问题的人是怎样处理问题的呢？美国心理学家埃利斯针对影响人们情绪的原因提出了"ABC情绪纷扰模式"，也称为"ABC理论"。根据这一理论，人类在精神上所受的痛苦（C），并非直接源自那些给我们制造麻烦的问题（A），而应该归因于我们对于这些问题所产生的非理性及虚妄的观念和想法（B）。也就是说，人们对诱发事件所持的信念、看法、解释，才是引起人的情绪及行动反应更直接的原因。由于每个人的经验不同、对事物的认知水平不同，才导致了不同的看法，这也就解释了为什么经历同样一件不顺心的事（负性刺激）而每个人做出的反应不同。我们还是用一个例子来说明这两种理论在日常生活中是如何表现的吧。

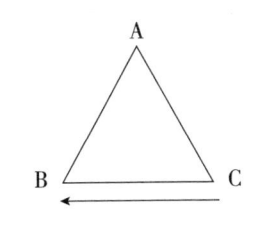

A——负性刺激
B——对A的认知、信念与解释
C——心理问题

唐某，男，29岁，因抢劫罪被判5年刑，过几天就去监狱服刑了，判决书下达的第二天接到妹妹的电话，说10月15日来接见。接见日前几天他便茶饭不思、干活无精打采，天天盼着妹妹来接见。可是15日等了一天，妹妹也没来，由于无法取得联系，第二天唐某更加焦虑不安。就 ABC 模式而言，其中 A，即诱发事件，代表了唐某的妹妹没能按时来接见，这时唐某万分焦虑，不仅分配的活不能干，连吃饭、睡觉都成了困难，我们称为 C，是情绪上的反应。妹妹本来定好在 10 月 15 日来，结果这个时间（A）却没有来，而在 C 时觉得非常焦虑，甚至丧失了饮食和劳动能力，无精打采，整天都在说："说好了的事却没能来，肯定出了大事，我该怎么办呀？"

面对这种情况，大家根据常理所作的判断是：妹妹说好了 15 日来，结果却没有来，自然你会焦虑。大多数人都会有同样的想法，但是每个人碰到这样的事情都会和唐某一样出现情绪问题吗？回答是否定的。实际上，C 并不是由 A 所产生的，唐某之所以会焦虑、抑郁，是源自 B，B 代表了他的信念系统。在这件事情上，B 代表唐某认定的"想法"，我们上面的例子，这种"想法"通常有两种：一种是理性的，如多数人通常认为的会产生焦虑；另一种是非理性的，即唐某产生的万分焦虑和强烈的抑郁情绪。

我们先来谈一谈理性的信念。当你认定妹妹没有按时接见的"想法"时，通常一般人会这样认为："我真希望她能按时来，可是今天却没能来，家里已经很长时间没来人接见了，真让人有些郁闷，会不会发生什么事呢？"这个时候你心情低落也好，焦虑也好，是可以理解的，但你不会达到万分焦虑的状态，不会因此而抑郁，你会劝自己"也许有什么事吧，晚两天就来了"。随后，你便该干什么就干什么了。

另一种是非理性的想法，咨询中发现唐某这时的非理性想法主要有："说好了今天来，为什么没来呀？是不是火车相撞了？是不是被坏人谋害了？是不是说好了来又后悔了，因为我犯罪入狱瞧不起我了？完了！彻底完了！我无法忍受了……"这时如果你对这些与现实脱离了的想法和未经证实的假设深信不疑,那你就无可避免地在心中撒下了焦虑、绝望等负性情绪,这时心理问题也就产生了。

人们面对生活事件不管是产生理性的还是非理性的观念、解释,都是有一个过程的,不是突然就糟糕透顶的,而是一步一步才到了这种状况。这是由于在对诱发事件的反应过程中,还有一个因素在起作用,即内部的自言自语。这种自言自语不仅表达了个人对生活事件的看法与情绪体验,而且它是一种螺旋式的思维过程的结果,在这个过程中不断强化最初对生活事件的评价。恰当的自言自语会改变个人的某些观念和情绪状态,引导个人正确对待生活事件,找出解决问题的办法,即使是面对负性事件也能找到理性解决问题的方法。相反,不恰当的、消极的自言自语会加剧个人的消极观念和情绪,导致人们产生不良情绪反应,并采取极端的或破坏性的方法摆脱困境。

比如,一个人在星期一莫名其妙地遭了一顿暴打,他星期二就开始向各个朋友复述这件事,到了星期三,他已经郁闷得不想出去见人了,到星期四的时候,他开始找碴儿跟家人打架了……这说明什么呢?说明你每复述一遍就像又被打了一顿,意味着事情过去之后,你每天还在继续挨打,而且一次比一次厉害。

这种非理性的思维过程在唐某身上也是这样,在接到妹妹电话后先是高兴、兴奋,然后心情低落了,心里想:"说好了来,可千万别不来了呀!"过了一天又想:"别出什么事来不了了呀!"再后来又想:"千万可不能出什么事呀!"直至10月15日,他在万分焦虑中度过了一天,然后绝望了:"看来肯定是出什么事了,我开始的担心变成现实了!这下完了……"不仅过分焦虑,又平添了严重的抑郁情绪。接下来,唐某就在这样万分焦虑、强烈抑郁中度过了五天,直至20日其妹妹来了,很轻松地告诉他,自己在半途去了亲戚家,耽误了几天,该犯还是没把心放下来:"是不是发生了什么事,想瞒着我呀?"……因此,唐某不合理信念的产生过程如下:预设消极假设—承认假设—坚定不移地承认假设—现实证明假设不成立时仍然自我提供非现实证据(比如,是不是发生了什么事,想瞒着我呀),相信假设来看,这种非理性信念是在一次次自己吓唬自己,并坚信这种我想象的非现实假设之后,逐渐恶化起来的。

伸手不见五指的黑夜中,一个人在森林或墓群中行走,那紧张让人毛骨悚然,甚至有的人因此而"吓"着。

这是为什么呢?首先你"认为"风吹草动是"鬼"或恶狼或其他什么让人害怕的东西弄出来的动静,你之所以会认为自己不能忍受这个情境,是因为你"决定"不要忍受它。并且,你"认定"了、"决定"了,不能忍受这种情境,那么你就会"觉得"好像自己已经无法忍受了!这时只能越来越害怕了。

脾气暴躁的人碰到一件非常令人气愤的事,顿时火冒三丈、怒发冲冠,随即便出手打人,尽管这是在极短的时间内发生的,但是在大脑内部有一个恶性循环的思维加工过程在作怪。有些人尽管也气愤不已,但能在理性信念之下,控制自己不做出过激的行动来。

下面我们再来分析一下,这种非理性信念都体现在哪里呢?为什么它是非理性的呢?

首先,是绝对化的要求。即是指个体以自己的意愿为出发点,认为某一事物必定会发生或不会发生的信念,这类信念通常是与"必须"和"应该"这类词联系在一起,如"她应该来呀""别人必须好好地对待我""在监所里我必须说了算"等。这种绝对化的要求,经常是不可能实现的,因为它不可能以你的意志为转移,其"不能""必须"或"应该"不是由你来决定的,有时即使你经过艰苦的努力也未必会按你的意愿来发展,它是由他人评价或客观规律决定的。因为你周围的人和事物的表现和发展不可能按照你的意愿来改变。因此,当某些事物的发生与我们对事物的绝对化要求相悖时,我们应主动接受和适应它,以避免陷入自寻烦恼的坏情绪中。就如唐某的妹妹来接见,来与不来,什么时候来取决于唐某的妹妹,唐某做不了主。

其次,是过分概括化的要求。一种以偏概全的不合理的思维方式。就如同以一本书的封皮判定它的内容好坏一样,它是个体对自己或别人不合理的评价,其典型特征是以某一件或某几件事来评价自身或他人的价值观或事物的发展规律。例如,有的在押人员入所后自暴自弃、自责自罪、自残自虐以及焦虑和抑郁等情绪,就是这种以偏概全的表现。入所前是你,入所后仍是你,你身上的优点没少,你身上的缺点仍在,只是环境和身份发生了变化,就认为自己"一无是处"了,那不是以自己的某一行为或社会角色的变化来对自己的整个人做出评价吗?

最后,是糟糕透顶的结果。他是一种对事物的可能后果非常可怕、非常糟糕,甚至是一种灾难性的预期的非理性观念,将灾难的后果无限扩大,甚至扩大到自己都不知道具体是怎样的后果了,只剩下担心和害怕了。如"妹妹没来,这回完了,天要塌下来了!""我成了囚犯了,一切都完了!""我得了乙肝,不能活着走出看守所了,况且还要到监狱去服刑,还不如死了呢!"等。

我们可以仔细想一想,对任何一件事情来说,都有比之更坏的情况发生,比如你成了一个囚犯,但你可以重新做人,可以自食其力,和那些残疾人相比你是幸运的;你觉得判的刑期长,可还有很多比你判得更长的人呢？你比他们能更快地走出监狱的大门；你判了死缓，但要比判死刑好呀，毕竟你还活着。因此，没有一种事情可以被定义为百分之百的糟糕透顶。

所谓糟糕透顶，无非是你自己预期出来的一种自己吓唬自己的非理性信念，是不真实的，也是与现实不符的。况且你自己的预设结果也未必就是最后的结果。唐某的妹妹没能按时来可能会有很多原因，"出了车祸""被人害了"只是其中几种可能，非得把这种结果预设给自己，只能是平添自己的烦恼了！所以，这种"绝对化"的要求、"以偏概全"的认知方式和"糟糕透顶"的预设结果，都是非理性想法。每一个在押人员每当产生这些非理性的想法时应注意自我剖析。

为加深对"ABC理论"的理解，我们在此做简要回顾与总结：

A：指的是给自己制造麻烦的事件。事件可能是客观现实，比如别人私自用了你的东西，可能是别人的态度和行为，比如其他在押人员对自己很不友好，也可能是自己所做的错事等。

B：指个人对与自己有关的事件所持的态度、观点、信念、解释、评价等。

C：指个人对事件的情绪反应。

埃利斯理论认为，情绪并不是由事件本身引起的，而是由本人对这一事件的解释和评价所引起的。就是说，使人们难受和痛苦的，不是事件本身，而是对事情的不正确的解释和评价，即不合理的信念。

比如某在押人员离婚事件（A），可能会有不同的反应结果：

我完了！（B1）——抑郁（C1）

我早就想离了！（B2）——高兴（C2）

我们可以看到，由于对离婚这一事件的看法不同，会导致不同的人做出不同的行为反应。在这种意义上说,心情的苦恼与愉快、沉重与轻松、焦虑和安宁等都是自己寻来的,所以每个人都应对自己的情绪负责。

拓展苑

长胡子的秘密

从前有一位学者,以他丰富的学识和神气的长长的白胡子而著名。

有一天傍晚,他走过城里的一条小巷,迎面遇上了一群运水的人。这群运水的年轻人想和这位学者开个玩笑,其中胆子最大的一个走上前来,深深地鞠了一躬说:"大师啊,我的同伴和我打了个赌,请您告诉我们,在您睡觉的时候,您的胡子是放在被子上面呢?还是放在下面呢?"学者想了一下,说:"我自己也不知道,我从没想过这件事,我回去看看吧。明天这个时候你们还在这里等我,我告诉你们。"

学者回到家里,躺在床上,他发现再也睡不着了。他在床上翻来覆去,不停地要想着他的胡子,它是在被子下面,还是在上面呢?无论他怎么想,他的记忆也无法给他答案。最后他决定试一试。他把胡子放在被子上面睡觉,但心里总不能平静。它的位置对吗?如果放对了,为什么总睡不着呢?他心里这么想着,就把胡子放在被子下面,但这也好不了多少,他怎么也睡不着。"这么做不对。"于是他又把胡子拉出来放到被子上面。

就这样,他整整折腾了一夜,一会儿放在被子上面,一会儿放在下面,片刻都没有睡着。第二天傍晚,他出现在那群年轻的运水人面前。他说:"我的朋友们,我过去也长着这把胡子,我睡得很香。可自你们问了我这个没办法回答的问题后,我再也睡不着了。我这把显示我智慧和值得我夸耀的胡子,现在对我来说,成了个怪物。我觉得我再也不会舒舒服服地带着它了。"

(摘自张宁等译《消除抑郁》2002年版)

第四节 犯罪行为发生的 ABC 理论

学过了 ABC 情绪纷扰模式，大家也可以用这一理论分析一下自己可能存在的犯罪行为是怎么发生的。一些情绪状态下的激情犯罪、酒后犯罪、预谋犯罪，以及职务犯罪等，无不与人们的不合理信念和非理性思维方式有关。

一、情绪状态下的激情犯罪

一些在押人员在解释自己的犯罪原因时，会说"被逼到那里了，没办法，只能犯罪"或者"那个小组长太气人，天天打骂其他人员，我一气之下把他打死了"。别人侮辱了你，这是事件 A。你生气，然后怒气冲天，火冒三丈，打了他，这是你的情绪和行为表现，是 C。一般来说，一个人侮辱了你，你有可能采取三种不同的应对措施：一是冷静地面对他，和他对质，了解他侮辱你的原因，解开了这个疙瘩，问题也就解决了，这是理性处理问题的方式。二是他侮辱了你，你可能在心里想，我打不过他，和他打我会更吃亏，偷袭把他打出毛病我一点也不合算，虽然很生气，但阿 Q 一点"是儿子骂老子呢"，可能也就过去了。三是有的人一旦受了委屈，就非要拼个你死我活不行，但是那并不见得能解决问题，人们之所以被人委屈，就因为别人是强者，如果我们硬要去和那些强者拼命，结果可能是鸡蛋碰石头，自取灭亡。在这三种情况之下，你的大脑中都出现过思维，理性也好，极端也好，不同的价值观和信念，才导致出现了各种不同的处理结果，这往往就是导致一些人情绪爆发，甚至犯罪的主要原因，这就是 ABC 理论中的 B。明白了这一点，以后再遇到生气愤怒的情境时，相信你就会刻意控制自己的不合理信念和非理性思维方式了。

二、酒后犯罪

我们都知道"酒壮人胆"，这既有心理学道理，也有生理学原因。酒精刺激血液循环加快，易使人情绪高涨，使人的意识变得狭窄，考虑问题更片面，更具自我服务倾向，使自我控制能力和道德感严重削弱。酒后当遇到某些不顺心的事时，易采取极端措施解决问题；即使遇到高兴的事，也易得意忘形。这是为什么？这也是不合理思维形成的不合理信念的结果。

三、预谋犯罪

一些预谋型犯罪的在押人员可以回忆一下，自己犯罪前的思维模式肯定也是一种非理性的思维模式——过分夸大成功的可能性，过分缩小失败或被抓的可能性或概率，在这种思维之下形成的指导行为的信念，肯定是引领你走上犯罪道路的主要原因，其最终的结果和你的预期却正好相反。

四、职务犯罪

不管是贪污还是受贿，在一些在押人员的内心里都经过了一个漫长的思想斗争过程。在这个过程中，他们不断给自己建立信心：不会被人发现，就干这一次，下次不干了，然而他们永远做不到下次不干了。在这种恶性循环的思维模式中,他们在贪污、受贿的路上越走越远、越陷越深,一步步走进了监狱的大门。

情绪困扰或者犯罪行为都是在错误思维模式逐渐被强化的情况下形成的。如果大家能够做到在情绪即将爆发时提醒一下自己:"冷静!再冷静!"那么,许多心理疾病、许多犯罪行为都是可以避免的;如果我们能按照上述理论再仔细分析一下自己的非理性信念并坚决克服,那么我们就不会产生心理疾病。

拓展苑

邻居的狗

大约 13 岁时,在宾夕法尼亚州印第安纳老家,我有条名叫鲍恩斯的狗。它是条身份不明的野狗,有一天我放学,它就跟我回了家。鲍恩斯像是那种硬毛杂种猎犬,只是皮毛显橘黄色。我们成了亲密的伙伴,我进林子找蘑菇,它在我身旁嬉戏;我做飞机模型,它就倒在我脚边打呼噜。我真是太爱这条狗了。

有一年盛夏,我去参加童子军营。等我回家时,鲍恩斯却没有来迎我。我问母亲怎么回事,她温柔地领着我进了屋,说:"我十分抱歉,鲍恩斯不在了。""它跑了吗?""不是,儿子,它死了。"我简直无法相信。我哽咽着问:"出了什么事?""它被咬死了。""怎么被咬死的?"妈妈目光转向父亲。他清了清嗓子说:"吉姆,博吉弄断了链子,跑过来咬死了鲍恩斯。"我惊得目瞪口呆。博吉是隔壁邻居家的英国狗,平常总是套着链子,拴在那围栏大约 100 英尺长。

我既伤心又愤怒,那天晚上我辗转反侧。第二天早上,我跑去察看那条狗,期望从它那布满斑点的身上至少能发现一条深长的伤口。可是什么也没有,只见那敦实的恶犬被拴在一条比原先更粗的链子上。每当我看见可怜的、空荡荡的狗屋,它那再也用不上的毯子、它的食盆,我就禁不住怒火中烧,恨透了那畜生,因为它夺走了我最要好的朋友的生命。

终于有一天早上,我从壁橱里拿出爸爸在上个圣诞节送我的雷明顿猎枪。我走进我们家后院,爬上苹果树,伏在高处的树干上,我能看见博吉沿着铁丝围栏来回闲逛。我举枪透过瞄准器盯着它,可是每次我瞄准准备射击时,树叶就挡住了我的视线。

突然间,树下传来一声轻微短促的惊叫:"吉姆,你在树上干什么呢?"妈妈没有等我回答,"砰"的一声关上了门,我知道她准是给在五金店上班的爸爸打电话。过了几分钟,我们家的福特汽车开进了车道。爸爸从车里出来,径直朝苹果树走来。"吉姆,下来。"他轻声说道。我很不情愿地合上了保险栓,跳在被炎夏毒日晒得发焦的草地上。

第二天早上,爸爸对我说:"吉姆,今天放了学,我要你到铺子来一趟。"他比我还了解我自己。

那天下午我拖着懒懒的脚步进了市区,到我爸爸的五金店去,心想他准是要我擦玻璃或是干别的什么活。他从柜台后面出来,领着我进了储藏室。我们慢慢地绕过一桶桶钉子,一捆捆浇花水管和丝网,来到一个角落。我的死敌博吉蜷缩在那儿,被拴在一根柱子上。

"那条狗在这儿,"我爸爸说道,"如果你还想干掉它的话,这是最容易的办法。"他递给我一把短筒猎枪。我疑虑地瞥了他一眼。他点了点头。

我拿起枪,举上肩,黑色枪筒向下瞄准。博吉那双棕色眼睛看着我,高兴地喘着粗气,张开长着獠牙的嘴,吐出粉红的舌头。就在我要扣动扳机的一刹那,千头万绪闪过脑海。爸爸静静地站在一旁,我的心情却无法平静。涌上心头的是平时爸爸对我的教诲——我们对无助的生命的责任,做人要光明磊落,是非分明。我想起我打碎妈妈最心爱的上菜用的瓷碗后,她还是一如既往地爱我;我还听到别的声音——教区的牧师领着我们做祷告时,祈求上帝宽恕我们如同我们宽容他人那样。

突然间,猎枪变得沉甸甸的,眼前的目标模糊起来。我放下手中的枪,抬头无奈地看着爸爸。他脸上绽出一丝笑容,然后抓住我的肩膀,缓缓地说道:"我理解你,儿子。"这时我才明白,他从未想过我会扣扳机。他用明智、深刻的方式让我自己做出决定。我始终没弄清爸爸那天下午是怎么安排博吉出现在五金店的,但是我知道他相信我能够做出正确的选择。

我放下枪,感到无比轻松。我和爸爸跪在地上,帮忙解开博吉的链子。博吉欣喜地蹭着我俩,短尾巴使劲地晃动。

那天晚上我睡了几天来的头一个好觉。第二天早上,我跳下后院的台阶时,看见隔壁的博吉就停了下来。爸爸抚摸着我的头发说道:"儿子,看来你已宽恕了它。"

我跑向学校。我发现宽恕令人振奋。

(摘自《小故事,大道理全集》,吉林教育音像出版社)

第四章

影响在押人员的几种不良心理

第一节　在押人员的不良认知

认知是人们对事物的认识，简单说就是人们看待事物的方式。对同一个事物，每一个人的认知是不一样的，就如同两个人看到半瓶水，一个人可能会说"还有半瓶呢"，这是一种积极的认知；另一个人可能会说"哎呀，只剩半瓶啦！"这是一种消极的认知。在押人员在羁押生活中的诸多问题，小到相互之间的误会、反目、吵架，大到打架伤人、自杀、杀人，其认知系统都存在或多或少的不合理之处，这些不合理认知主要表现在以下六个方面：

一、高度的自我服务归因偏差倾向

自我服务归因偏差倾向是指人们在分析事物的原因时，把积极的结果归于自己，而把失败的原因归于环境或他人。在分析事物的原因时，缺乏理智、客观的态度。这是造成一些在押人员对周围环境适应不良和有挫折感的重要心理因素，也往往会导致由于认知的偏执而产生再犯罪行为。比如，有的在押人员在看守所表现突出受到警官的表扬和奖励，就满心欢喜，认为自己干得很好。没受到表扬就会认为是警察对他不公，甚至产生怨恨情绪。情绪低落可能会导致不必要的监管事故发生，或是人际关系紧张等。再如，有的在押人员回归社会后感到来自社会及他人的歧视、找工作的艰难，而不是从我做起，一点点改善人们对自己的印象，反而破罐子破摔，严重者甚至重新犯罪。

二、偏颇的合理化倾向

合理化是指个人将自己不合理的心理和行为转变为合理的过程。一些在押人员在认罪过程中往往将自己的行为"合理化",用一些似是而非的理由为自己的错误行为辩解,将自己的犯罪心理归因和犯罪行为"合理化",从而减轻或消除罪责感、紧张感等。有这样一个重新犯罪的在押人员,他在解释自己重新犯罪的理由时说:"出监后,看到父母老了,想偷点、抢点钱养活他们"。这个在押人员自己一边说一边瞅着咨询师,自己也乐了:"可能这个理由太牵强了吧!"这说明这个在押人员的常态心理尚未泯灭,还有很强的自责感、自罪感,但如果这种"合理化"的思维模式不改变将会影响到他的认罪和改造。心理咨询师在与在押人员的谈话中了解到许多人都有这种"合理化"解释自己犯罪行为的思维模式。希望大家在改造过程中,正确看待自己积极的一面,客观评价自己消极的一面,勇敢承担责任。

三、过分自我中心倾向

具有自我中心倾向并不是大毛病,每个人都有一定的自我中心倾向,但程度较低,通常遇事能顾全大局,能兼顾到别人的利益和客观现实。过分自我中心倾向就不是这样了,遇事只考虑个人利益,以个人得失为标准衡量一切。这会严重影响你对羁押和看守所生活的适应以及人际关系,最终使你走向孤立,而且由于缺乏规范意识,也会导致部分在押人员产生重新犯罪的心理归因。

四、前瞻能力差

前瞻能力是指人们在行动之前能够预见到行动后果的能力。我们每个人的行动都是有目的的，人们往往是根据所预见到的行动后果来确定行为方式。一些在押人员犯罪行为的发生往往缺乏前瞻能力，这是在押人员普遍具有的弱点。部分在押人员在羁押期间的再犯罪，也大多与缺乏前瞻能力有关，这一点应该引起每个人的注意，真正学会"三思而后行"，这对人的一生都是有益的。

五、自我反省能力差

自我反省能力，是指个人对自己的行为后果进行有意识地审查和思考的能力。反省的目的在于发现自己的行为是否恰当，是否违反了准则等。通过对自己的经历和认识思考，人们获得关于自己和自己周围世界的知识，形成关于自己和社会的观念。有心理学家认为，现代人每天至少需要静心 15 分钟，你最终会发现只有这 15 分钟才是最有意义的。因为只有在这个时候，你才与自己真实地交融在一起，而浮躁时候的你并不是真实的你。自我反省能找到一个真实的自我，能找到自己本性中就已存在的积极因素，这是消除犯罪心理因素，增强常态心理的重要方法。

六、嫉妒

嫉妒也可以用经济学上的"投入"与"产出"的脉络来评价，自己行为的所得和所失。通俗地讲，是指个人在认为自己的努力与奖赏比率没有别人高时而产生的一种羡慕与恼怒相交织的复杂情绪状态。

说它是一种情绪状态，不如说它是一种不良认知更贴切一些。由此可见，嫉妒心理是一种不良认知，有嫉妒心理的在押人员往往会对他犯的成绩抱有一种怨恨情绪，甚至给他人"使绊""下扣"，引诱他人违反纪律以满足自己的嫉妒心。这样做的结果既损害了别人，又不利自己，是一种愚蠢的行为。成功人士往往以一颗平常心对待周围发生的事情，对别人的成功善于分享，分享他们成功的经验为自己的目标服务。在押人员应建立自己长远的人生目标，不为一时损失所累，坚定不移地走自己的路。

拓展苑

人生感悟

有三个人蹲在墙角闲聊，这时他们看到了同一个情景：一个小蜘蛛在往墙上爬，爬着爬着，前面出现一块湮湿了的雨迹。小蜘蛛一爬到湿的地方就会掉下来，然后，这个小蜘蛛又从墙角开始重新朝上爬，再爬到那个地方又掉了下来。如此一遍遍，周而复始。这个情景就引发了三个人对生命的不同感悟。

第一个人说，我看到这只蜘蛛，就像见到了我自己。我和这只蜘蛛是一样的，一生就这样爬上去再掉下来。一生就在这样庸俗无为、瞎忙乎中度过！

第二个人说，我看到蜘蛛这样爬才懂得人生其实有好多误区，我们只看到眼前，以为只有一条路，其实潮湿的地方并不大。如果这只蜘蛛能绕过那片潮湿，它很快就可以顺着干的地方爬到更高的地方。

所以我要让自己变得更聪明。有的时候人生的确需要绕路走。

第三个人看到蜘蛛以后，被深深地感动了，一只蜘蛛还能这样不屈不挠，那一个人这一辈子应该有多少能量可以激发！人生的路有崎岖、有挫折，但只要信念坚定就没有克服不了的困难。只要有坚忍不拔的精神，就一定能实现自己的理想。

（摘自《小故事，大道理全集》，吉林教育音像出版社）

一个小小的场景，在不同的人心中，可以得出不同的结论，获得不同的人生感悟。你有什么样的价值观，就会决定你做怎样的取舍，拥有不同价值观念的人，在经历相同的事情时，会得到完全不同的人生感悟。

第二节　在押人员的不良情绪

人都有喜、怒、哀、乐、惧、恶、欲七情，这是人所具备的自然本性。不良的情绪不但会影响自己的身心健康，而且会严重影响改造成效。因为情绪控制不好，毁掉了自己辛辛苦苦换来的改造成绩，实在令人惋惜。在押人员常见的不良情绪主要有以下四个方面：

一、自卑

自卑是指由于自我评价过低而产生的一种羞怯惭愧、萎靡、沮丧的情感体验。简单说就是自己瞧不起自己。

为什么瞧不起自己呢？那是因为有些在押人员犯了罪、进了看守所，感到自己不如别人了，自己什么也不是了，把自己一辈子从没看到过的缺点都看到了，但就是看不到自己还有优点，和以前在社会时判若两人。

想当初只看到自己的长处，从没发现自己还有短处、还有弱点。现在这么多缺点，还有什么理由高兴呢？还有什么理由不沮丧呢？但是你还是你，入所前的你是你，入所后的你还是你，你的缺点在入所前存在，你的优点在入所后依然保持着。

多看看自己的优点或许发现你仍然还是一个不错的人呢！只有看到了自己的优点才能发扬自己的优点，扩大正常心理状态，这也就等于在慢慢消除自己可能存在的犯罪心理状态了。

二、焦虑

主要是刚进看守所的在押人员,对陌生的环境产生的担惊害怕、紧张不安等不良的情绪反应。焦虑是可以理解的,但长期担惊害怕、紧张不安则是适应不良的表现,应及时申请进行心理咨询。

焦虑通常被分为三类:一是现实性焦虑。这是客观存在的威胁自尊心的因素引起的焦虑。如有人总想算计你、祸害你,可你又无能为力,因此而着急。二是神经过敏性焦虑。这是指个人对人和事物都会产生的焦虑反应,这种焦虑是由心理—社会因素诱发的挫折感、失败感和自尊心严重损伤等引起的。三是,道德性焦虑。是指由于个人违反社会道德标准的愿望或行为与社会要求发生冲突时产生的内疚情绪。

焦虑情绪的产生是由于"心里没底",总担心会发生最坏的结局,时刻担心不幸结果的到来,就如同开庭前的紧张、焦躁、害怕一样。但不管你是否焦虑,如果你真的犯了罪,那么经受审判这一现实是不可改变的,越是焦虑则越是激动,这样会给法官留下不好的印象,从而影响审判结果。

因此,要注意以下几点:第一,在这个陌生的环境,不会发生我们所担心的最坏的结果;第二,在我们遇到困难的时候,人民警察也会及时给予帮助。自己吓唬自己的焦虑大可不必。

此外,在押人员中最可怕的是缺乏焦虑,就如同我们出门走在马路上,如果缺乏焦虑,那么可以横冲直撞,管它火车、汽车呢!正是我们害怕它,才不去冲撞它。

在押期间如果在押人员缺乏焦虑,那么在心理上就不能形成强烈的心灵震动,缺乏是非标准,以至于在进行反社会行动时很少产生行为不适当的感觉,也不会预见到这样的行为可能受到惩罚。缺乏罪恶感和紧张不安的情绪会减弱个人进行违规违纪及犯罪行为的内在遏制力,使个人在犯罪时心安理得。意识不到自己缺乏焦虑感的人重新犯罪的可能性是很大的,也不会很好地配合公安机关和法院的侦察和审判工作的顺利进行。

三、抑郁

一些在押人员入所后由于巨大的社会地位落差、由于对自己前途的不确定性的担心、由于受到社会的歧视、由于"无颜见江东父老",而表现出郁郁寡欢、意志消沉、萎靡不振的消极心态。这对在押人员的适应能力将会造成重大打击,有时会严重影响一些人的羁押生活。在这期间,自己应学会面对现实调整心态,及时转变角色,从梦境中尽快回到现实中来。学会把郁积的情绪用合理的方式宣泄出来,可以向其他人、监狱警察倾吐内心的苦闷,求得他们的理解和帮助。

培根说:"如果你把快乐告诉一个朋友,你将得到两个快乐,而如果你向一个朋友倾诉,你的忧愁将被分掉一半。"所以,应该充分利用自己的特长多参加一些群体活动。比如,参加看守所举办的文体活动、劳动竞赛等。不管是什么样的心情都是与你的心理状态有关的,现实往往并不一定是你想的那样。有什么样的心态就会看到什么样的结果,悲观者会说百合花属于洋葱科,而乐观者会告诉我们洋葱属于百合科,其实洋葱还是洋葱,百合还是百合,关键是我们怎么看待。

四、自责自罪

一些很有道德感、很有良心的人，犯罪后往往自责自罪感非常强，这是由于一个人的观念或行为与其内心的道德标准、价值观念发生冲突时产生的有罪和羞耻的心理体验。这是正常心理、积极因素，应该多多珍惜，不应把它变成包袱，应利用自身的道德感，使其变成改造的动力。人生百年谁能无憾，抱住遗憾不放，对任何一个人来说都没有任何意义。

拓展苑

忍的学问

针尖对麦芒，是大家熟悉的一句俗语。生活中如果真要是这样做，就会酿成大祸了。假如我们遇到一个蛮不讲理的人，又该如何对付呢？我们先听听伟人林肯说过的一句话，"与其为争路而让狗咬，不如给狗让路。即使将狗杀死，也不能治好伤口"。这句话就是告诉你，要时刻学会自我克制，千万别意气用事。明代思想家吕坤说得更形象，"忍、激二字是福祸关"。忍耐，能忍就是福。忍不住，激动、冲动就要酿成祸患。

唐朝宰相娄师德的弟弟要去代州做官，临行前，娄师德对弟弟说："我没什么才能，现位居宰相，如今你又做了州官，恐怕会让人嫉恨。该如何对待？"他弟弟说："今后如果有人往我脸上啐唾沫，我也不说什么，自己擦了就是。"娄师德说："这正是我所担心的。那人吐你，是因为愤怒，你把他擦掉就是抵挡那人怒气的发泄。唾沫不擦自己也会干,倒不如笑而接受呢。"娄师德兄弟的这番谈论,有开玩笑的成分,其中的意思就是要退让,没必要和对方针锋相对,不然就会更加激怒对方,使矛盾尖锐化,带来更严重的后果。常言道:"不成熟的稻谷昂着头,成熟的稻谷低着头。"学会忍耐,你的人生会更加幸福。

(摘自《小故事,大道理全集》,吉林教育音像出版社)

第三节 在押人员的不良意志品质

意志是人所特有的心理过程,它使人主动地预见和克服困难,向既定目标前进。意志具有自觉性、果断性、自制性和坚韧性等特点。正在接受改造的在押人员应注意改造自己的思想、重塑自己的价值观和人生观。

在押人员常见的不良意志品质主要表现在四个方面:

一、挫折容忍力低

一些在押人员尤其是那些在个性上存在攻击性、冲动性或报复欲强的人,对挫折的耐受力是很差的,一点点挫折即暴跳如雷,甚至导致打架斗殴。许多人的犯罪行为的出现也是由于低挫折容忍度造成的。那些情绪性犯罪打架致伤、致残、致死的人就是这样的,在他们身上没有"韬光养晦""卧薪尝胆""忍辱负重"等概念。俗话讲,人一生当中挫折十之八九,如果缺乏对挫折的耐受力,那么在解决问题时往往就会采取极端措施,其后果会是可想而知的。

想想我们来到人间,大都是在受到挫折以后,才会变得聪明的,这就叫吃一堑长一智。人类的智慧就是在挫折中积累而成的。世界上没有一蹴而就的事情,所以我们说人生的意义就在于怎样去对待错误。在押人员应锻炼自己的毅力,勇敢地面对人生路上的挫折,才能实现你的人生目标。对于挫折和困境也要有正确认识,这件事对你来讲,是大事还是小事,本没有客观标准。就如同划一个一厘米长的口子,算大伤还是小伤？如果是一个娇滴滴的小姑娘,她能吵吵一个星期,可如果是一个粗粗拉拉的小伙子,他可能从受伤到伤好,一直都不知道。这就是说,我们把它当成了大事,它就是大事,我们把它看得很小,那么它也就很小。碰到一点挫折就暴跳如雷,往往会闯出祸来。

明代思想家吕坤早在400年前就说过:"忍激二字是福祸关。"忍即是忍耐,控制住自己的情绪；激就是激动,能忍住就是福,忍不住就是祸。忍耐不是消极颓废,也不是悄然降下你信念的帆,忍耐考验意志、毅力,是检验成功的一种方式。忍字头上一把刀,这把刀让你痛,也会让你痛定思痛。这把刀足以磨平你的锐气,但是也可以雕琢出你的勇气。

二、不能延迟满足

延迟满足是指个人能够控制自己为了将来的目标而舍弃眼前的较小利益的心理倾向,这是一个人自制力强的一种表现。相反,不能延迟满足,则意味着个人为了获得眼前较小的直接利益而宁可舍弃将来更大的获得,这样的人更重视现在或目前的奖赏,而不关心将来的后果。

心理学家曾做过一个实验:给每个孩子一个小棒棒糖,并告诉他们,如果他能等到老师取东西回来再吃,就会有一个更大的棒棒糖作为奖励；如果他们等不了,就只能得到这个小的棒棒糖,但可以马上吃。于是这些孩子被留下来,对着诱人的棒棒糖待上15分钟。结果有2/3的孩子能克制自己,他们会往别的地方看,分散注意力以等待更大的奖励。而另外1/3的儿童却不能忍耐,很快就把糖吃了。最让人关注的是很多年后,这些孩子长大了,那些在学前期能抵住诱惑的儿童,明显拥有更强的社交能力,他们在学校表现得更好,拥有与他人更密切的友谊，对消极情绪也能很好地控制。

三、参与犯罪亚文化团体

在押人员中根据犯罪类型不同，存在着种种犯罪亚文化群。由于一些在押人员原有的价值观念与这些亚文化群观念相近，当改造意志不坚定时，很容易不知不觉地进入某些群体之中，进一步巩固犯罪心理因素，那么，他就离再犯罪或重新犯罪不远了。在押人员中的"交叉感染"，会使原来的犯罪动机更广泛，大大增加重新犯罪的可能性，出监后，再次走进监狱大门的时间更短了。犯罪亚文化对人的影响是潜移默化的，它在一点点消磨着在押人员的改造动力，一点点磨损改造意志，如果不引起高度警惕，不用坚强的毅力来抵制各种犯罪亚文化影响和渗透，那是很危险的。

四、缺乏自我调节能力

自我调节能力是指个人对自己的心理和行为进行调整与适应的能力。自我调节能力体现在两个方面：

一是个性特点对处理问题影响的调节。比如一些在押人员个性特点中存在的攻击性、冲动性、报复性、恃强性、怀疑性等，其本身就与犯罪行为有密切联系，在日常生活中，如果这些个性如不加控制，就很容易影响自己的改造进程，轻者会影响到人际关系，重者会导致再犯罪。

明知道再犯罪是不必要的、是愚蠢的，为什么不能学会情绪的自我调节、自我控制呢？这些知识对你有百利而无一害。在后面的章节中讲解了许多自我调节的小方法、小技巧，希望大家能认真掌握。

二是对自己价值观的调节。心理学研究表明，人们的许多心理现象和行为都是受个人的内部道德与行为标准和自我评价制约的。在长期的社会化过程中，人们通过学习，形成了自己的一套道德和行为等方面的标准。他们在思考问题和解决问题时，往往用这样的标准进行衡量，对自己的思想和行为进行自我评价，并且根据自我评价的结果，决定下一步行动的方向。通过对在押人员犯罪发生过程的了解发现，很多人是由于价值观问题而导致采取了过激的犯罪行为来解决问题。比如，虚荣心导致职务犯罪、报复他人致他人死伤等。缺乏自我调节能力是重要的犯罪根源之一。

缺乏自我调节能力意味着：第一，个人缺乏符合社会要求的内部标准，对社会规范的掌握有问题，不能区分罪与非罪的界限，容易产生违反社会规范的心理和行为；第二，由于缺乏内部标准，个人判断是非的能力不够，其心理和行为很容易受别人的影响，很容易在别人的暗示和引诱下产生犯罪心理和犯罪行为；第三，缺乏适当的自我评价能力。自我评价方面有缺陷，对自己没有恰当的评价，就可能会因为自我认识错误而产生犯罪心理和犯罪行为。在押人员不管是在羁押期间或者是在今后的服刑改造期间，都要用坚强的毅力学习心理健康知识，提高自我调节的能力，才能获得更好的生活。

拓展苑

我们缺什么呢

有一位生活在美国费城的年轻人，整天唉声叹气，愁眉不展，逢人就说:"我实在太不幸了,父母没有给我留下任何遗产,我没有别墅,没有小汽车,甚至连到海边度假的钱都没有。"

有一位老人就对他说:"我有办法让你很有钱,但你必须要以你所拥有的东西来交换,你愿意吗?"年轻人很高兴地说:"我有什么东西值钱吗?如果有,你要什么我都愿意,只要你能让我成为富翁。"老人停顿了一下,说:"我出50万买你的一只手,你愿意吗?""啊?一只手?我舍不得,我不愿意!"年轻人毫不犹豫地拒绝了。"那么,我用100万买你的一条腿,可以吗?"年轻人又坚决地摇了摇头。"一只眼睛,200万呢?"年轻人恐慌地直摇头。老人笑了:"你看,你现在至少已经拥有了350万,只是暂时还不想要这笔钱。年轻人,一个有手、有脚、有眼睛的人还怕没有钱吗?实际上,凭你所拥有的一切,你已经是一位亿万富翁。一位亿万富翁还有什么可抱怨的呢?"听完老人的话,年轻人怔了片刻,羞愧地走了。他悟出了一个道理:在这个世界上我们什么都有了,如果我们还不快乐,那是因为我们缺少了一样东西——满足。

(摘自《小故事,大道理全集》,吉林教育音像出版社)

第四节　服刑期间的不良行为习惯

行为是心理的反映，一些在押人员从幼年开始就养成了一些不良的行为习惯，这些行为令人生厌，遭人白眼，继而自暴自弃走上了犯罪的道路。克服不良行为习惯是改造不良心理因素的措施之一，在心理学上被称为行为矫正。通过矫正不良行为习惯，可以提高一个人的心理素质，进而改善心理状态。在押人员经常表现出来的不良行为习惯主要有以下五个方面：

一、攻击性

有些在押人员自身存在易攻击的人格特点，在自我调节能力不足的情况下，再加之自己的言语表达能力差，在生活中形成了用身体攻击行为解决问题或摆脱困境的习惯。当他们遇到挫折时，往往不能用解释、协商等理性的方式解决问题，而是常常诉诸暴力，从而影响自己的改造成果。有这种习惯的人遇到问题时要注意先冷静分析，只要冷静下来，那么，至少你就能想出比暴力解决问题更好的办法来。

二、权力欲

一些职务犯罪的在押人员由于其文化等方面素质较高，在羁押期间，看守所警察往往根据其个人特点安排一些"管事"的岗位，这时，他们中有些人往往就忘了自己的犯罪原因，凭借手中的权力得心应手地从事各种违规违纪，甚至违法的活动。一方面辜负了监所人民警察对他的信任，丧失了重新获得自尊的机会；另一方面，在犯罪心理状态上又给自己加了一颗紧固的"螺丝"，这对自己的认罪和今后的改造质量是很不利的。

三、偷窃习惯

有些盗窃犯罪的在押人员由于形成偷窃习惯而犯罪，甚至已经形成了病态偷窃心理——偷窃狂，表现为经常产生不加克制的偷窃冲动。尽管所偷东西对自己没有什么使用价值，并且常将偷窃的东西弃之不用，甚至毁掉，但见到机会不偷就会产生强烈的焦虑和抑郁。"莫伸手，伸手必被捉"，偷窃时间长了，终究会被人发现，不仅会影响自己的改造成绩，而且会招来别人的嫌弃，影响人际关系。

四、说谎习惯

一些在押人员在成长过程中由于受不良的家庭、学校等环境因素的影响形成了用说假话的方式解决问题或者摆脱困境的习惯。有的诈骗犯罪与这种不良习惯有直接关系，这些在押人员在羁押期间如果不能及时意识到自己的问题，一两次别人可能看不出来，但三四次以后能不被他人看出你在说谎吗？说谎的结果是什么——没人喜欢搭理你。游离于团体之外是孤独的，心里是痛苦的，与其忍受这种痛苦，还不如拿出毅力来努力改正自己的这种毛病，这样才能做一个让人喜欢的人。

五、好逸恶劳习惯

由于害怕辛苦但又渴望舒适安逸的生活,怎么办呢?只好用非法手段来达到自己的目的。案发、被捕、可能被判刑之后,看守所的羁押生活使得我们既不能恶劳,又不能好逸。但游手好闲、好逸恶劳的条件反射行为方式又已经形成而且跟着来了看守所,怎么办?继续这样下去,那肯定是不行的,没办法只能面对现实,借着监管机关的严格纪律自我矫正这种不良习惯,把自己改造成一个能够靠勤劳而获得尊严的人,这样羁押生活才算没有白过,在我们的人生中这应是一笔宝贵财富的积累。然而,如果做不到主动矫正,出去后"重操旧业"的可能性也就比较大。

当然,在押人员中还存在着其他一些诸如赌博、自由散漫、流里流气、恃强凌弱等现象,这些不良习惯,往往与某些在押人员的犯罪有密切关系,如果自己意识不到这些,在看守所中仍然我行我素、横行霸道、狂妄自大的人,仍然自以为很"牛",自我感觉良好,那么最终的结果是他们仍然是一个不受社会大多数人欢迎的人,回到社会往往是人们唯恐避之不及的"瘟神"。

> **拓展苑**

坏脾气的男孩

有一个坏脾气的男孩,整天在家发脾气,摔摔打打,特别任性。有一天,这个男孩又在发脾气,他爸爸就把他拉到了他家后院的一个大木牌前,说:"儿子,你以后每发完一次脾气,就在咱家的木牌上钉一颗钉子,到月底你看你一共发了多少次脾气,好不好?"儿子想了想觉得没什么,就照办了。到了月底,儿子一看木板上的钉子密密麻麻一大片,就觉得有点不好意思了。这时,父亲又对他说:"儿子,你要是能做到一整天不发脾气,你就可以拔掉一颗钉子。"儿子想了想,发一次脾气能钉一颗,一天不发脾气才能拔掉一颗,实在是太难了,但为了使木板上的钉子减少,他只能克制自己。

开始,儿子感觉这实在是太难了,但等到把木板上的钉子拔光的时候,他忽然感觉到自己已经完全能控制自己的脾气了。他高兴地对自己的父亲说:"木板上的钉子都被我拔光了,现在我也不发脾气了。"

父亲跟着儿子来到木板边,意味深长地说:"钉子拔光了,但木板上的洞留下了。其实,你每向别人发一次脾气,就是在人们的心里打下了一个洞。钉子拔了,你可以道歉,可他们心灵上的洞永远也无法消除啊!"

这个故事告诉我们,做事要三思而后行,千万不要等造成了不良后果,才知道悔悟。

(摘自《小故事,大道理全集》,吉林教育音像出版社)

第五章

老弱病残妇等特殊人员的心理及调适

第一节　老年期在押人员心理特点

一、老年期常见的心理特点

老年期由于生理和心理的衰老，其心理特点发生了显著的变化，这些变化对每一个人（既包括在押人员，也包括社会人员）都是普遍存在的。主要体现在如下四个方面：

1. 认知活动的退行性变化

视觉退化，听力下降，嗅觉、味觉、皮肤觉逐渐迟钝，记忆减退，智力减退等。

2. 人格的变化

不安全感增多，孤独，适应性差，拘泥刻板，趋于保守，喜回忆往事等。

3. 情绪障碍

老年期情绪障碍主要表现为老年期抑郁症，和青年期相比其特点如下：

（1）多伴有强烈的不安和焦虑。
（2）常有顽固的疑病症状。
（3）多伴有妄想症状。
（4）较多人伴有全身性躯体功能减退的症状。

(5) 可伴有身体、心理功能减退症状。

另外，老年期情绪障碍还存在失落、自卑、彷徨、挫折引起的情绪激越等。

4. 意志力减弱

老年期惰性强，生活遢遢，做事缺乏耐心和毅力，容易打退堂鼓，得过且过等。

二、老年期常见的心理障碍

1. 老年期痴呆：

(1) 老年痴呆。由于老年性脑萎缩所致的进行性脑器质性心理障碍，主要症状为痴呆，多发病于 75 岁前后。

老年性痴呆在心理异常方面一般病程发展缓慢，最引人注目的异常表现是人格的改变。病人变得孤僻、活动减少、主动性差、对周围兴趣减少；主观急躁，固执己见；自私、自利、以自我为中心；对人冷淡，对亲人也漠不关心；情绪不稳，常因小事而暴怒，无故发脾气骂人；不修边幅，不注意卫生，生活不检点，缺乏道德感和羞耻感。随着病情的发展，智力障碍日趋明显，记忆力减退，如忘记刚刚做完的事，忘记已经吃过饭而要求吃饭，甚至忘记家属及自己的名字等。

(2) 脑血管硬化性痴呆。主要是由于脑动脉粥样硬化造成大脑组织慢性供血不足所致，其主要症状仍然是痴呆，多发生于 50 岁以上的老年早期。

发病早期，在明显的心理异常出现以前，大多数人会出现较长时期的脑衰弱综合征。首先，头部感到不适，可有头昏、眩晕及耳鸣，同时有睡眠障碍。其次，注意力涣散，记忆力减退、情绪易波动、易激惹、无故焦虑、烦闷等，随着病情的发展，心理异常也越来越明显。

在认知过程障碍方面，除了记忆力明显减退（尤其是对人名、地名、日期、数字表现健忘），有些人可出现幻觉和妄想，主要是夸大妄想、被害妄想、嫉妒妄想、疑病妄想等。在情感障碍方面主要是情感脆弱、焦虑、抑郁、欣快，严重时为冷漠、呆滞。在人格异常方面，主要表现在自私自利、挥霍浪费、幼稚懒散、不讲卫生。在智力障碍方面表现为思维迟钝、联想困难，记忆力、计算力、理解力、判断力、分析综合能力以及言语表达能力都有严重障碍。

2. 晚发型精神分裂症

在老年期心理疾病中，有类似于精神分裂症的妄想症状，但不伴随人格与智力的衰退，称为晚发型精神分裂症。晚发型精神分裂症与青壮年精神分裂症的区别有：

（1）老年病人的幻觉多为假性幻觉。

（2）妄想中虽有关系妄想、被害妄想等，但具体妄想对象则多为儿子、儿媳或其他近亲属及左邻右舍以及与经济、财产有关的问题在妄想中占多数。

（3）幻觉体验与妄想症状密切关联，且其内容多与患者情感症状和环境条件有关。

（4）幻觉、妄想症状表面上类似于分裂症，但老年人的表情、态度比较自然，与别人沟通和接触也较好。

(5) 老年患者对精神药物治疗的反应较好,如长期服用,患者病情都会得以控制。

(6) 一般发病前就有特别的性格,比如:倔强、能干、自负、固执。

3. 老年期神经症

主要有疑病性神经症、焦虑性神经症、强迫性神经症和癔病等四类。

三、老年期在押人员常见的心理与行为问题

第一,由于生理和心理的衰弱,老年在押人员在劳动改造上只能干些力所能及的活,导致对未来丧失信心、失望,甚至绝望。

第二,经济无助导致看病难,生活质量不能改善,尤其是"三无"人员(无接见、无通信、无汇款)面临很大的心理压力,对生活丧失信心。

第三,生活惰性增强,邋遢,生活环境、个人卫生很差。情绪不稳定,尤其是季节性情绪异常明显,表现在夏季情绪波动性最大,烦躁、易激惹,往往会产生一系列违规违纪行为。

拓展苑

一位老者的健康经验

一位老者,年事已经很高了,却面如孩童。别人很奇怪,问他为什么会这样健壮。老人说,古语讲六六大顺,用在养颜方面,应该牢记并做到以下六步:

第一步,忘记天下所有牵绊你的人情世故,吃也好、住也好,都

是身外之物，不要在心里牵挂太重，这样你就能做到物我两忘，宠辱不惊。

第二步，把物质世界的东西尽量从心里剥离出去，也就是除去诱惑。

第三步，顺应自然规律，活得从容自在，尽情享受人生每一时刻，安然地度过人生。

第四步，除去一切杂念，洁净心灵，给自己营造一个温暖欢欣的境界。

第五步，悟透天下万物的唯一大道，然后把万事万物联系起来看待，使自己能够触类旁通，举一反三，思想更加透明。

第六步，超越古今的概念，把远古的大道理贴近当下的生活，让我们在感慨先人伟大的同时，享受先人为我们留下的财富。

（摘自《小故事，大道理全集》，吉林教育音像出版社）

第二节　残疾在押人员的心理特点

一、残疾人的分类及一般意义

残疾人是指在心理、生理、人体结构上，某种组织功能丧失或者不正常，全部或部分丧失以正常方式从事某种活动能力的人。一般包括：

第一，视力残疾。可分为盲和低视力两类。

第二，听力残疾。听力完全丧失及有残留听力但辨音不清，不能进行听说交流两类。

第三，语言残疾。语言能力完全丧失及语言能力部分丧失，不能进行正常语言交流两类。

第四，肢体残疾。重度（一级）：完全不能或基本上不能完成日常生活活动；中度（二级）：能够部分完成日常生活活动；轻度（三级）：基本上能够完成日常生活活动。

第五，精神残疾。是指精神患者患病持续一年以上未痊愈，同时导致其对家庭、社会应尽职能出现一定的障碍。

第六，智力障碍。在智力发育期间，由于各种原因导致的智力低下，智力发育成熟后，由于各种原因引起的智力损伤和老年期的智力明显衰退导致的痴呆。

二、残疾人的心理行为特点

残疾人作为特殊的人群,除了与一般人有着共同的心理特点以外,还有其独特的心理表现,而且就残疾人本身来说,由于残疾的类别不同,他们的心理特点也会有许多不同的表现。

1. 残疾人的认知特点

(1)先天致盲的人缺乏空间概念,没有视觉形象,没有周围事物的完整图像。

不过,盲人由于没有视觉信息的干扰,形成了爱思考、善思考的习惯,相应地,抽象思维和逻辑思维比较发达,同时由于他们的听觉能力较发达,而且记忆力比较好,所记住的词汇比较丰富,形成了他们语言能力强的特点,旧时常有盲人说评书恐怕也是缘于此。

(2)后天致盲的人,一般伴有语言残疾,人们常说十聋九哑即是。聋人形象思维非常发达,视觉十分敏锐,对事物形象方面的想象力极为丰富。

2. 残疾人的情感特点

主要为孤独感、自卑感、敏感、自尊心强、情绪反应强且不稳定,富有同情心。

身体有残疾的在押人员应正确看待自己的身体缺陷。要知道身体是父母给的,心理是自己给的,有一个健康的心理与有一个健康的身体相比一点也不逊色。应充分发挥自己的优点、利用自己的优点,少注意自己的缺点,你的生活才能更幸福快乐。

拓展苑

总有路可走

　　老百姓总说,没有过不去的坎,也没有过不去的河,细想也确是这么个理。珠峰高不可攀,已被人类登上顶点;嫦娥登月曾经只是神话,今天人类把它变成了现实,长江天堑也变通途。这说明只要人有抱负、有理想,就没有不成功的。

　　被国家共青团委树立成青年学习榜样的张海迪,高位截瘫,生活都不能自理,但她不悲观、不抱怨,而是以充满信心的人生态度对待不幸,立志学医惠及民生。后来的事实证明她成功了。只要你热爱生活,充满理想,就一定会以坚强的毅力渡过困难,获得成功。天无绝人之路,大概就说的是这个道理。

　　庄子在《人世间》中写过一个叫支离疏的人,这个人不光名字怪,身体也很奇异。他双肩高过头顶,头低到肚脐以下,本应该是垂在后面的发髻,却是冲着天的,他的五脏六腑挤在了后背上,还是个驼背,两条腿直接长在肋骨旁边。

　　那么他是怎么生活的呢?庄子说,他替人缝补衣服,已足够养活他自己了,他还有余力替别人筛糠、簸米,挣的钱足够养活10口人了。最后庄子得出一个结论:像支离疏这样肢体不全的人,只要自食其力,一样可以养活自己,安享天年。

(摘自《小故事,大道理全集》,吉林教育音像出版社)

第三节　疾病患者在押人员心理特点

这里所指的疾病主要包括两类，一是躯体器质性疾病，二是心理原因引起的心身疾病。

一、疾病患者的心理特点

疾病改变了一个人的生存状态或生活模式，生活节律的破坏成为一种极为强烈的信号，冲击着患者的内心世界，改变其原来的精神状态和生理状态，加上对病痛的体验，不仅会使这些在押人员的注意力集中到"病"上，还会影响到他们的心理状况，改变他们的社会适应能力、自我评价以至人格特征。一般来说，身体有病的在押人员最常出现下列心理特征：情绪不稳、认知消极、依赖性强、自尊心过强、疑病观念、孤独、恐惧、适应性降低、耐挫折能力差、抑郁、焦虑等。

二、心理因素对疾病的影响

第一，躯体器质性疾病患者，因疾病产生各种消极的心理特征，这些不良心态和情绪会进一步恶化躯体器质性疾病。

第二，在重大应激事件的刺激下而产生的急性负性的心理情绪状态会诱发疾病的发生。如某看守所一个在押人员由于离婚出现心理问题导致下肢瘫痪，经医学检查未发现任何器质性病变。再如我们常见到有的中年人在一次激怒后发生心肌梗死或脑出血等。

第三，意识"躯体化"。由于现实中的问题得不到解决，在内心形成心理冲突，最后以身体症状的形式表现出来。我们日生活中常见到的，有的人因为某事烦心，起初是觉得心里难过，几天后出现了腰疼、背疼等疾病，这些病往往去医院检查发现没有器质性损伤，这时的腰疼就是无意识"躯体化"的表现。

患者，女，73岁，背疼3个月，活动困难但没有其他不适，没有过劳或身体活动过度的历史，不记得这个症状是怎么引起，经医学检查无任何器质性病变，该患者曾用过各种疗法，卧床、肌肉放松、理疗等都无效。

几个月后，患者向医生报告说她的背疼已自发好转，近几个月以来症状已消失。医生不理解，问她背疼好转的原因，病人自己也不能理解。医生让她详细谈谈产生背疼前后的环境变化，她讲到几个月以前丈夫去世，两个儿子为争夺家产吵闹不休，常要患者出来做出裁决，为此经常生气，大概在此前后出现了背疼，一直不好。后来小儿子在一家公司里谋到一个很好的职位，把家中财产让给了哥哥，两个儿子的争吵终止了，她的背疼也不知不觉消失了。

在押人员中很容易产生这种无意识躯体化的疾病，有了病，警察带你去医院检查，结果查不出器质性损伤的问题，有时很可能会认为你是"诈病"。碰到这样的情况不要着急，也不是警察对你故意出难题，没学过心理学的人往往弄不清这是怎么回事，应及时到心理咨询室寻求帮助，也许那里会给你"正名"。同时要认识到心理因素对身体疾病的影响，如果你的"病"确有可能是心理所致，那么就应该更多地采用心理治疗的方法帮你恢复健康。

拓展苑

生命的力量

英国科学家做了这样一个实验,他们为了试一试南瓜这样一种普普通通的植物的生命力能有多大,就在很多同时生长的小南瓜上加砝码,砝码的重量就是小南瓜所能承受的重量极限。

这样每个不同的小南瓜上就压了不同的砝码,只有一个南瓜压得最多。从一天几克到几十克、几百克、几千克,这个南瓜成熟的时候,上面已经压了几百斤的重量。最后,等到所有南瓜都成熟了,用菜刀切别的南瓜很轻松,但切这个压了几百斤重量的南瓜就很困难了。用斧子劈也没能劈开,最后只能用电锯把这个南瓜锯开。此时这个南瓜的果肉已经相当于成年的树干。

这是一个什么实验呢?它说明了什么问题?这是一个生命的实验,他说明了一棵植物的抗压性能有多强。其实这就是我们现代人所处的外在环境与我们内在反张力的最好写照——压力越大越坚强。作为一个最高级的生物,难道我们人类还不如一个小小的南瓜吗?这个实验很值得我们深思。

(摘自《小故事,大道理全集》,吉林教育音像出版社)

第四节　老弱病在押人员心理健康维护

老弱病在押人员面对自身所具备的特殊困惑、困难、挫折及各种各样的心理问题和心理障碍，应如何做好自身的心理健康维护呢？

一、坦然面对现实并承认现实

作为老弱病在押人员，不管是面对自己的身体疾病，还是面对自己的年迈体弱，这都是"现实"。由于自身的问题，在生活上会有许多困难和挫折，在改造上和其他人也没有可比性。在居住环境上，由于看守所的条件所限，也有诸多不方便，这就是现实。尽管政府方面在努力改善，但这是你无法控制的。只有承认现实，坦然面对现实才能做到心态平和，反之则会天天处于烦恼、失望之中。可你的烦恼和失望于事无补，这样的烦恼对于你来说又有什么意义呢？

在现实不变的情况下你可以采取两种途径去面对：一是正视它，以一种积极的态度去面对，相信情况会逐步得到改善，保持健康愉快的心理状态；二是消极对待，天天瞅着这个现实去犯愁，自生烦恼。这两个途径你应选择哪一个呢？想是不言自明的。

二、保持人老心不老的精神状态

老年人身上所表现的衰老迹象明显与否，固然与年龄增长有关，但与其主观心理状态也有很大关系。如果一个人只知道哀叹自己老之将至，因而精神颓丧、意志消沉，完全失去了生活的乐趣，丧失对生活的信心，在情绪上总是忧心忡忡，甚至惶惶不可终日，这就必然加速老朽衰败迹象的来临。大家可以看看周围的每一个长寿的人，回忆一下你们在社会上时碰到的每一个长寿的人，我想至少要有这样一个现实，没有一个长寿的人是精神颓丧、意志消沉、忧心忡忡的人。不管是在押人员也好，社会上的老人也好，与其他人面对的都是同样的环境、同样的现实，为什么结果会有很大的差别呢？这是心理因素作用的结果。

那么应该如何保持人老心不老的精神状态呢？建议大家从如下四个方面试试：

1. 洒脱一点

即自然大方，轻松自如，不受约束，做事看开些，面对现实，自己照顾好自己。年龄大是现实，身体有病也是现实，这些是自己无力改变的，正确面对它，放弃这些思想包袱，自然也就洒脱了，轻松了。

2. 糊涂一点

这并不是说因为年龄大了，身体有病了，就不需要生活的信心，就不需要进步，就可以不明事理或思想糊涂，而是说要淡泊一点，看开一点，不为日常琐事所困扰。通俗地说，就是小事上随意一点，尽量做到郑板桥那样的"难得糊涂"。人生苦短，生命第一，"忍一时，风平浪静；退一步，海阔天空"。日出东海落西山，愁也一天，喜也一天；遇事不钻牛角尖，人也舒坦，心也舒坦。何必为日常生活中自己无能为力的琐事所困扰呢？

3. 忘记年龄

老年人没有必要总在心里惦记着一个"老"字,甚至害怕过年、过生日。其实年龄有着不同的计算方法,可分为"日历年龄""生理年龄"和"心理年龄"。

一般情况下,我们经常使用的是"日历年龄",计算单位为年。

"生理年龄"是指以人的机体功能来衡量人的年龄。

"心理年龄"则是指从大脑功能和心理衰老程度来衡量人的年龄。

"日历年龄"的"老"并不能完全代表一个人完全衰老的程度。如果用"日历年龄"来与"生理年龄"进行比较,就会发现有的人是未老先衰,有的人是老而不衰。从我们身边的人来看,许多人从"日历年龄"来讲都已经是一位老人了,甚至八九十岁了,但是如果从"生理年龄"来讲,他可能只是一位中年人,思维敏捷,活动自如;而从"心理年龄"来看,他可能还只是一位年轻人,从不看重自己的年龄和生死,整天阳光灿烂,一副健康快乐、无忧无虑的心情。再想想你周围这样的现象是不是很多呢?

一个人"瓜熟蒂落"的时间往往并不取决于日历年龄,更重要的是心理年龄,保持快乐、平和、自信的心态则可延缓心理年龄的衰老。

4. 忘记疾病

这并不是说有病也不去治疗,而是不要过度担心自己的疾病,因为"病"是现实存在的,你担心它,它存在;不担心它,它仍然还在。担心也无助于疾病的消除,过分担心还会使疾病恶化,对疾病的过度恐惧心理状态是非常有害的。可以说就是本来没病的人,也可能"怕"出病来。当然不担心也并非放任,而是应采取积极的防治措施。

三、保持良好的人际关系

老弱病人员往往会成为被遗忘的角落,别人在劳动上、生活上很少有求于你们,也不太主动找你们聊天,这个时候要注意不要把自己边缘化,要善于发现自己的优点,起码你还有比别人更多的社会经验呢。要主动去找别人聊天。聊天要注意如下九点:

第一,要保持微笑、虔诚,要有自知之明,不要倚老卖老,而要实事求是承认弱者的地位。

第二,聊天要注意避免原则性的人事是非等内容,侧重侃大山、扯闲篇最好。

第三,当对某一事情的看法与别人不一致时,对原则性的重要问题,也应心平气和地分析和讨论,求得一致,实在达不到一致时,也应求同存异而不应因此影响人际关系。

第四,对非原则性的小事,应多尊重别人的意见,自己谦虚些。

第五,忘记恩怨。羁押期间同处一室的人们,总会一起经历一些风风雨雨、坎坎坷坷和恩恩怨怨,如果每一次恩怨都记住,那么你就给自己背上了一个心灵的包袱,久而久之,负担就会越来越重,包袱定是你背上了,可别人并没感觉到,只有你自己有感觉,这样的包袱背着实在是没有必要。有人说:"伤害自己的最好办法,就是记住那些令你不快的事情,你怀念它一次,它就伤害你一次。"为什么要自己伤害自己呢?

我国科学工作者对长寿老人的调查结果表明,性格开朗、心态平和是他们的共同特点。老年人要想获得平和的心态,最好的办法就是宽容、豁达,给记忆装一层滤网,滤掉过去的不愉快,只留下快乐与自己相伴。

第六，别人有什么事时应主动去帮助别人，应以助人为乐为本。保持良好的人际关系，才能做到互相帮助，心情舒畅才有助于心理健康。老弱病人员容易滋生惰性、自卑等心理，往往遇事不主动，但大家要记住你属于"弱势"群体，通常是需要别人的帮助，如果你不能力所能及地、积极主动地去帮助别人，那么别人又怎么会去主动帮助你呢？试想一下，谁的损失最大呢？

第七，要切记控制自己的情绪，不能看什么都不对，看什么人都不顺眼，这样就走向了聊天的反面。

第八，聊天中应注意常叫别人的名字，但不要带姓氏，这样会有一种亲切感，切忌称呼别人的外号。

第九，聊天时要注意选择感兴趣的话题，对一个不喜欢足球的人聊足球，必然不会聊出乐趣。聊天不仅可以改善自己的人际关系，而且也会使自己压抑的情绪得到有效释放，聊后会感到身心轻松。

四、经常反思自己的罪行

最终被判刑的老病弱在押人员也应该经常反思自己犯的罪行，学会悔罪。首先从思想上要建立起尽可能给家里减少一些经济负担的观念。另外，你也可以使用"精神赡（抚）养法"。你的犯罪行为给父母带来了巨大的精神痛苦，他们心中背负着沉重的十字架；儿女的自尊也受到了极大伤害，他们在人前人后抬不起头来，影响了健康成长；你不能给配偶以安慰，他们最需要的是什么呢？是听到你的好消息，尤其是你在身心上的、改造的好消息，你只有不断保持自己的身心健康，不断取得改造成绩，才能给他们安慰，抚慰他们精神上的痛苦，反之就是给他们的伤口上又撒了一把盐。

五、要努力做些力所能及的事

懒惰可以促使人的心理衰老。大家可以回忆一下身边长寿的人，看看能有几个是懒惰的人，恐怕太少了，多干点活是一件多么好的事情呀，但有些人认为这是傻，实际上是吗？我们认为对你至少还有如下几个方面的好处：

（1）政府是支持的，对于你获得奖励只有帮助没有坏处。

（2）同组的在押人员是高兴的，因为你力所能及地帮助了别人，对于改善自己的人际关系是有利的。

（3）活动了自己的筋骨，有利于身体健康。

（4）活动中可以起到宣泄不良情绪的作用。

这么多好处你都得到了，怎么会是傻呢？

六、要注意搞好自身卫生和环境卫生

有的人认为，看守所环境差，住宿条件不好，因此很多人身上长了虱子，情况真的是这样吗？细想想不是的，是由于你年龄大了，身体有病了，惰性增强了，依赖性大了，才长上了虱子。如果你经常洗洗衣服、被褥，会有虱子吗？不可能有的，那你为什么每天忍着瘙痒或者反复抓挠，也不能拿出一点点时间来洗洗衣服呢？你还可以再回忆一下你周边的长寿的人，有哪一个不是干净利索的呢？

上面讲了这些正反两个方面的做法，你应选择哪些做法呢？积极的做法是需要有毅力的，也是对你最有益处的。

七、正确认识并有效化解孤独

孤独是在押人员,尤其是新被羁押或老弱病在押人员常常产生的一种心理问题。孤独是令人不愉快的、苦恼的,是很容易导致人的情绪状态不好的。孤独的人容易产生某些行为问题,比如,大量吸烟,默默地无休止地干活等。孤独感长此下去会导致各种心身疾病。

研究表明单身者、丧偶者、离婚者的患病率和死亡率都比常人高。某看守所在押人员由于犯罪性质受到他犯的歧视,感到非常自卑和孤独,天天无休止地默默地干活,从不与他人来往聊天,久而久之,他的身体素质大幅下降,牙痛、头痛、耳聋、背痛等许多疾病缠身。实际上这些病都是因心理原因引起的心身疾病,都是由于自责、自罪、孤独而引起心理不健康导致的。孤独对于每个人来说都是一种很不好的心理状态,那么应如何消除孤独呢?

首先要认识孤独是怎么回事。孤独就是缺少社会接触,来自社会接触不足,它是一种主观感觉而不是一种客观状态,通俗地说,孤独是你自己想出来的,并不是客观上形成的。客观现实对每一个人都是一样的,关键在于你看待它的态度。孤独的最大特点是无助感,即不能实现去帮助人,更难以得到别人的帮助。

孤独不同于孤立。一个守林人可以独自生活并感到满意,一个人自由地在乡间散步,认为这是一种愉快的享受,可他们根本没有孤独感。

那么孤独是怎么产生的呢?孤独是你自己想出来的,他与你的自我评价有着很重要的联系。自我评价低的人怕遭到拒绝不愿去结交他人,从而导致孤独。孤独也会导致自我评价的进一步降低。在一个重视交际能力的社会里,自认为缺乏这种能力的人往往低估自己。但不管你的自我评价高也好、低也好，人际关系是人的基本需求，孤独感是这种要求没有满足的体现。有一个实验更好地说明了人的这种需要的必要性：

心理学家让一些被试分别独自一人关闭在完全与外界隔绝的专门的暗室里，为了尽量减少外界的刺激，被试的手上还戴着手套，这些被试就这样没日没夜地躺在特制的床上，他们或者百般无聊地昏睡，或者胡思乱想，所有的人都感到难以忍受的痛苦，甚至有的人产生了幻觉。四天后，他们出来进行各种测验，发现他们的各种能力都受到了损害，经过一段时间后才得以恢复，可见孤独会影响人的身心健康。

自我评价来自于把自己放在别人的位置上，建立有关他人的内部状态的假设。自我评价低的人往往是，假设我说的话别人不感兴趣，假设别人会拒绝我，假设别人会小看我等各种消极假设，在这些消极假设之下，捆住了自己，不敢和别人交往，不敢迈出步去探讨这个"假设"是否真的成立。

"假设"毕竟是假设，他并不一定是真的现实，是你在心里设想出来吓唬自己的，试着迈出这一步去验证你的"假设"是否成立，是否在每一次、每个人面前都成立，试完了你自然就有答案了。相信你的"假设"十之八九是不切实际的，克服了孤独，你的面前就会是一片蓝天。

八、以心理健康促进疾病的康复，以健康心理减少疾病的发生

1. 器质性疾病患者，由于疾病往往会产生各种消极的心理特征，这些不健康心理和情绪会进一步恶化疾病

正确认识疾病，保持健康的心理状态会有助于疾病的康复或迟延

疾病的恶化。目前各大门诊医院对于患者在进行疾病药物治疗的同时辅以精神治疗，收到了很好的效果，比如癌症患者俱乐部等形式的组织效果就很好，有些起到了医疗手段所不能起到的作用，甚至消除了肿瘤，达到了癌症的康复。但我们也经常见到有些人当疾病确诊后，本来还活蹦乱跳的他，马上就瘫软在床、不能动弹，有些人由于心理压力大，很快就去世了。

对于疾病，你怕它，它也在；你不怕它，它照常存在，对疾病认识态度的不同，产生的结果是大不一样的。认识到这一点不如行动起来，树立起战胜疾病的信心，没准疾病就怕你了。

2. 在重大负性事件的刺激下而产生的急性负性的心理和情绪状态会诱发疾病的发生

常见到有的中老年人在一次激怒后发生心肌梗死或脑出血，这是由于情绪激动使血管收缩，血压过高，在本来已经存在的动脉硬化基础上促使心冠状动脉梗阻和脑出血所致。还有的人遇到重大挫折，如人际关系不好、判刑过重而终日心情抑郁，不久即长辞于人世。再就是有的人遇到重大事件，如亲人亡故、离婚等，而想不开、终日郁郁寡欢，不久也患上心身疾病或离开人世。

正确对待负性事件是保持身心健康的基础。负性事件的发生与否，主要取决于人对刺激情境的需求的认知以及自身对于满足这种需求的能力的认知，所以不管发生多大的事，其对结果的预知还是你自己想出来的，是你在一系列消极的"假设"之下，桎梏了你的认知，从而产生不合理的情绪状态，不然每个人遇到同样的应激事件时就会和你发生同样的悲剧了，现实是这样的吗？不是的。

3. 正确认识疾病与心理之间的关系，保持健康心理，多快好省地实现疾病的康复

对于大多数老弱病在押人员来说，家庭经济条件不好，甚至有些在押人员还属于"三无"人员（无探视、无通信、无汇款），面对疾病和年迈体弱应怎么办呢？现实是，治病很大部分是自费，但自费又无来源，疾病或体弱又是个两难的事，似乎不能解决，是这样的吗？不是的，经过上面对疾病知识的了解，你应很清楚疾病的"病根"在哪了。在这里推荐你一种既经济又有效的疾病治疗方法——"精神疗法"。这种疗法的原理就是正确认识疾病，保持健康心理。这不用你花一毛钱，只需调整你对疾病的认识，就会产生效果。行动起来，用毅力去试试吧！相信你会收到很好的效果。记住一句话："良好的情绪可以造药，恶劣的情绪可以造毒。"没钱你也可以自己"造药"治病。

第五节　女性在押人员的心理特点及调适

女性在押人员被关押后，由熟悉的环境来到陌生的特殊环境，被剥夺了人身自由，隔绝了与外界的联系，并且面临着执法机关的讯问，甚至可能的法律制裁，这种特定的环境使得在押人员心理活动与一般心理有显著不同。

一、不安全感

一些女性在押人员不知道什么叫心理健康，更不知道如何维护心理健康，也不知道什么是心理障碍以及如何摆脱抑郁症等这种特殊环境下的心理状态。而且由于历史等种种原因，许多关押机构心理救助机制不合理、不完善，重视法律、政策教育，轻视在押人员的心理卫生，导致少数在押人员心理脆弱，抗挫折能力下降，身陷囹圄时茫然而不知所措，最后选择走向极端、暴力、自杀的方式求得解脱，给监管安全带来很大的隐患和不安全因素。

二、依赖感

有些在押人员一旦被关押，会立即与同一类性质的犯罪嫌疑人或同乡、居住地较近的在押人员聚集并抱成"同盟军"，比如贩毒的与另一伙贩毒的在押人员，虽然不是同案，但是会相处得特别"融洽"。由于大多数看守所的女性监室有限，这一现象很难杜绝，虽然对心理健康的维护有很多裨益，但是容易滋生牢头狱霸和团伙势力，必须引起管教的高度重视。

三、自卑与绝望感

许多女性在押人员一旦被关押，便开始千方百计讨好管教或其他能接触到的工作人员，以便用于向外界传递信息，逃避处罚。一旦遇到拒绝，无计可施，心理会立即降到"冰点"、压抑、怨恨、悲伤、绝望，难以自拔。所以新入所的女性在押人员，不仅要注重24小时的谈话教育，更重要的是7日以内的跟踪观察以防意外事件的发生。

四、暴力倾向

一些成年女性在押人员踏入社会较早，不仅文化素质低（半文盲），缺乏家教，对使用最基本的文明礼貌用语很不习惯，年纪很小就在社会上"混世"，身心从小没有受过任何约束，过于自由散漫，肆无忌惮，经常讲下流话、粗话，与其年龄阅历极不相称。一旦受到约束和惩罚，很难认识自己的错误，自认为没有影响和伤害别人，也没有违反《监规》和《在押人员行为规范》，是"小人"在找碴儿或故意与她过不去向管教打了她的"小报告"才遭到处罚，会用一些更极端的方式、更恶劣地辱骂她怀疑的"小人"或使用暴力殴打她看不顺眼的在押人员来宣泄自己的不满，严重者会产生暴力倾向，即接近精神性障碍中"狂躁症"的一种。

五、思念、抑郁情结

有的女性在押人员的孩子小，有时由于被羁押的时候过于匆忙，没有安置好孩子的生活，所以心理负担特别重，焦虑、内疚，总是不停地告诉管教自己的孩子小，没有人照顾，如果上不了学怎么办、没有钱吃饭怎么办、在社会上学坏了怎么办等一系列的担心与无奈。由于她们在看守所的种种担心与牵挂无计可施，常常会抑郁成疾，最常见的就是抑郁症。

国内一个心理专家说过：即使对于一个自由的正常的人来说，抑郁症是一种十分常见的精神疾病，患病率最高占人群的10%左右。抑郁症与感冒没有什么区别，它只是一种普通的疾病。抑郁症最主要的特征是心境低落。自我评价和自信降低、兴趣丧失、精力丧失、消极悲观都是抑郁症的表现，其中自杀念头和行为是抑郁症最严重而危险的症状。即使是自由的人尚且如此，在押人员的心理健康状况更可想而知。

针对以上种种女性在押人员不健康的心理现象，笔者认为可以在女性在押人员中做以下心理疏导和自我调适：

第一，有针对性地进行心理疏导。在押人员一旦产生不健康的心理，看守人员要及时申请到所内的心理咨询室进行心理疏导，或者寻求管教民警的帮助，也可以向同室内有知识或年长的在押人员倾诉，寻求她们的帮助。

第二，加强锻炼和活动。现代心理学家做过的种种实验证明：运动对缓解种种心理压力以及排除心理障碍有许多裨益，可以明显增加人的心理承受能力、增加自我控制能力、降低压力水平，宣泄压抑的情绪。针对看守所这一特殊的环境，做剧烈的运动、锻炼来达到她们身心健康的目的是不可能的，笔者认为可以在早晨放风的时间做做广播操，或者在监室内在不影响他人的情况下做做肢体运动。现在有些看守所都为一些企业做些外委手工活，参加劳动其实也是一种很好的心理调适过程，有了活干，就什么都不想，一天过得又快又充实。

第三，多读一些有益的书籍。文学与艺术价值较高的书籍会对一个人的一生有很大的影响，甚至改变一个人的性格和命运。现在的看守所都有许多图书供在押人员借阅，多读一些有益于身心健康的报纸、书籍，也有益于培养心理上的乐观、向上，在有益的书籍、杂志中寻求精神寄托和安慰，对于促进心理平衡、培养其乐观的思想、稳定情绪大有益处。女性在押人员睡前除了复习自己已经学会的《监规》和《在押人员行为规范》之外，也可以朗读一些文学杂志中的幽默作品，以使那些文盲女性在押人员一起放松自己的神经，也可以促进睡眠。精神病学家的种种实验证明，严重失眠也是一种精神病发作的主要原因，睡眠充分良好，也是一个人身心健康的重要标志。

第四，暗示的妙用。从心理学的角度来说，无论一个人是否真的有罪，突然被羁押是一种严重的破坏性的压力源，会产生应激反应，比如部分女性在押人员突然闭经或月经紊乱，都是心理压力太大又没有得到及时宣泄、疏导的结果。这种变异的生存环境会使部分神经系统脆弱的在押人员产生扭曲心理。心理咨询里面有一个特别重要的咨询技能是积极关注，即：关注来访者的积极面。突然被羁押的在押人员大多会走进"一叶障目，不见泰山"的误区，庆幸的是人是唯一能够接受暗示的动物，这时管教民警要及时帮助在押人员客观分析形势，为她们寻找属于从轻或者减轻处罚的"积极面"，比如对于过分消极悲观、容易走极端的在押人员着力宣讲在押人员享有为自己辩护的权利；还有她们自身有哪些条件符合从轻、减轻处罚的要求；趁热打铁地进行深挖犯罪谈话等。

第五，环境影响。美好而又富有生命力的花朵和植物是人人都喜欢的，在看守所这一特殊的场合，如果在押人员每天能看到有生命的植物和鲜花，对她们的身心健康有非同一般的感觉。因此许多看守所非常重视绿化和美化，就像一座大花园。在押人员也可以在监室养一些吊兰或水仙花等（这些植物不需要瓷花盆，杜绝了违禁品，用一个小竹篮或者塑料饭盒就可以养殖）生命力很强的植物，这些植物开起花来清新可爱、芬芳迷人，既可以美化监室的环境，也可以调节室内空气，可以让那些有心理障碍的女性在押人员去照料这些植物，以便于她们找到精神寄托，暂时摆脱烦恼，比如每天要喷水、换水，冬天监室内在押人员放风的时候可以让一盆水仙花与在押人员一起晒晒太阳，虽然她们暂时失去了人身自由，但是有美丽而又生命力顽强的鲜花做伴，时间可以溜走得更快、更多。

用美好的事物可以唤醒她们的爱心，看守所剥夺的是女性在押人员的人身自由，但绝不扭曲女人的天性——爱美、感情丰富细腻、敏感，许多监管系统的女民警经常捐款捐物给生活困难的女性在押人员，用美好的事物唤醒在押人员的社会责任感和爱心。帮助女性在押人员树立健康善良的信念十分有利于监管安全，保障女性在押人员各个诉讼阶段的顺利进行。

> 拓展苑

约翰·库缔斯的故事

约翰·库缔斯出生时，只有可口可乐罐子那么大，腿是畸形的，而且没有肛门，躺在观察室里奄奄一息。医生断言他活不过24个小时，伤心的父亲为他准备好了棺材，可小约翰不但活了过来，而且日后成为世界上最著名的激励大师。在190多个国家用自己的亲身经历激励着大家。

小时候由于他的个子非常小，周围的一切对小约翰来说，都像庞然大物。他非常胆怯，对任何比他大的东西都充满了恐惧，尤其是家里的狗经常欺负他。"你必须自己面对一切恐惧，勇敢起来。"父亲告诉他，并把他和狗一起关在后院里。当父亲再次走进后院时，小约翰正骑在狗背上，像骄傲的牛仔。这是他人生的第一课。

上学后，他受尽了同学的捉弄。他们掀翻他的轮椅，把他绑在教室的吊扇上，扔在垃圾箱里，他无法忍受，想到了自杀。在母亲的鼓励下，他选择了活下来，坚持直面人生。1987年，他做了腿部切除手术，成了"半"个人。约翰身上总是充满竞争和拼搏精神，他坚持参加体育锻炼，对自己的训练要求非常严格。他获得了澳大利亚残疾人网球赛的冠军，拿到国家体育机构的奖学金，在全国残疾人举重比赛中排名第二，还获得了板球、橄榄球的二级教练证书。他用成绩回击所有的嘲笑和耻辱。在经过成百上千次的应聘失败后，他找到了一份工作，做到自食其力。

一次午餐会上，约翰应邀对自己的经历做了简短的演讲，赢得了热烈的掌声。约翰发现讲出自己的拼搏，给他人以启迪，是一件非常重要的事。因此，他开始了职业演讲生涯，成为澳大利亚的名人，以自己的亲身经历，激励和影响着许多人。

然而，正当他找到理想的伴侣准备结婚时，他却患上癌症并且已经扩散，医生断言他只能再活一年。约翰顽强地与病魔抗争。一年后，医生惊奇地发现他居然痊愈了。

约翰的一生似乎都在与恐惧、孤独、侮辱、折磨、病痛相伴，甚至与死神抗争，他都是最后的胜利者。他说："任何苦难都必须勇敢面对。"

（摘自《小故事，大道理全集》，吉林教育音像出版社）

约翰的人生精神让我们许多健全人都自愧不如。当面对某件事情时，我们总是把它想得很难，其实缺乏的是做事的自信心和坚持下去的恒心；当我们面对生活中的苦难时，总是埋怨命运的不公平，实际上我们缺乏的是接受困难并战胜困难的决心。

心理学研究表明，完全没有压力的生活同样不利于心理健康。一个人饱食终日，无所用心，不求进取，长期过着死水一潭般的生活，不仅使人的意志和智力衰退，还会使人产生无聊和烦躁等恶劣情绪。

第六章

在押人员情绪自我调节

第一节　理性情绪行为疗法

情绪纷扰的埃利斯 ABC 理论是理性情绪行为疗法的一部分，通过对 ABC 进行分析，我们找出了非理性信念。正是它将我们强烈但不合理的愿望变成一种不合理、但又强迫自己非相信或非做到不可的要求和命令。找出它的不合理性进行自我"驳斥"，驳得它体无完肤，并将它连根拔掉，这个点我们称为 D；坚持驳斥自己的非理性信念，找到并学会自我接受的理念，使你的情绪和行为产生一种新的变化，我们把这一点称作 E，这就是理性情绪行为疗法，也称 ABCDE 疗法。"理性情绪行为疗法"有三个关键词：理性、情绪和行为，也就是说，通过建立理性信念才能调节行为，但在这个过程中最重要的是付出艰辛的努力才能促使行为的改变，否则不会取得效果。

一、找出不合理信念的不合理之处

这是最困难的一点。因为不合理信念往往并不是独立存在的，他们常常和合理信念混在一起而不易被察觉。比如，被人嘲笑或指责是一件不愉快的事，由此产生的不愉快情绪也是应当的。但同时在其背后也可能有另外一些信念，如："他应该喜欢我，同意我所做的一切，指责我让我受不了！"这就是不合理的信念，它会导致不适当的负性情绪反应，这样的信念不容易被察觉，应该认真区分。

有心理学家提出了 5 条区分合理信念与不合理信念的标准，大家可以作为参考：

（1）合理的信念大都是基于一些已知的客观事实，而不合理的信念则包含更多的主观臆测成分。

（2）合理的信念能使人们保护自己，努力使自己愉快地生活，不合理的信念则会产生情绪困扰。

（3）合理的信念使人更快地达到自己的目标，不合理的信念则使人为难于达到现实的目标而苦恼。

（4）合理的信念可使人不介入他人的麻烦，不合理的信念则难于做到这一点。

（5）合理的信念使人阻止或很快消除情绪冲突，不合理的信念则会使情绪困扰持续相当长的时间而造成不适当的反应。

二、从认知和情绪两个方面达到领悟

心理学家埃利斯认为，一个人要改变其不适情绪和行为，需要达到三种不同水平的领悟：第一水平的领悟是你要承认情绪和行为的失调，基本上不是由先前事件(A)引起，而是由自己强加在这些事件上的非理性信念(B)引起的。第二水平的领悟是你要认识到，不管自己的情绪最初是怎么失调的，之所以现在仍然心烦意乱，是因为你仍在向自己灌输与当初一样的非理性信念。第三水平的领悟是你要意识到，即使有了第一和第二种领悟，认识到是自己"创造"和"维持"着自己的情绪失调，这些认识不会自动使自己的情绪或行为困扰消失，除了立即行动起来，在现在、在将来持之以恒地从思维上、情绪体验上和行动上与自己的非理性信念斗争，没有别的出路，这才是最好的领悟。

三、建立新观念

不破不立,只有先"破"——破除不合理的观念、破除恶性循环式的思维,然后才能"立"——建立理性的信念和思维。这里包含着许多技术可以供大家借鉴:

1."破"的技术

一是要质疑非理性信念。比如"有什么证据支持我这一想法吗?""从(哪些事实、理由)能得出这一结论吗?""成了罪犯了,我这一生就真的完了吗?"质疑的关键是抓住信念中违反逻辑、不合常理、与经验事实相悖的地方,"使荒唐的东西成立"的信念得到动摇。

二是辨析。主要是区分意愿和需要,欲求和要求,以及其他理性和非理性观念,比如"我不想离婚"是意愿,"我必须维持这个家庭"是绝对化的要求,前者是理性的,后者是非理性的,前者不会导致情绪困扰,后者会使自己产生不良情绪。

2."立"的技术

用理性的、现实的信念、思维、体验和行动取代、替换非理性的东西,这是"立"的过程。"立"的技术主要有:

(1)语义精确法。学会用准确的、符合现实的语言表达所遇到的情境,这有利于建立理性的认识。比如,"我蹲了监狱,感到伤心、痛苦,但并非天塌下来了,这只是人生的一段路呀!以后路还长着呢!"

学会并经常练习用以下形式来思考和"自言自语":

不用"必须……""应该……"这样的说法,而用"要是……就好了"的说法。

不用"我绝不能……""……是不可能的"这样的说法，而用"我能……但我觉得那样做有一定困难""这一次没能做好，但并不意味着以后永远不能做好呀！"

不再想"因为……所以我是个一无是处的、没出息的人"，而学会对自己说"人是以成败论英雄的"，学一点阿Q又何妨。

（2）替代性选择。由于非理性信念都有极端化的特点，所以常使人钻入牛角尖，看不到其他可能性，因此，这时要静下心来思考其他可能的解释、其他可能的行事方式，或其他可能的解决问题的办法，并预测这种理性的解释或方法对你情绪会产生哪些积极的影响。

（3）去灾难化。对于"糟糕透顶"的信念，你可设想你所遇到的事的最坏的结果是什么，看看它是不是最"糟糕"的东西，看看还没有比它更"糟糕"的东西，你就会发现你所遇到的不可能是绝对"到顶"的可怕。

通过这些活动，有利于你建立起理性的、符合现实的认知，一件、两件、三件、五件，在每一件对你情绪产生严重干扰的事情上都用这种技术去处理，那么，在你的大脑中就会形成"惯性"和"定式"，你的理性信念也就建立起来了，以后遇到再大的事情，也不会长期扰乱你的情绪了，你的心理也就越来越健康了！你也就更不可能采用犯罪的方式去解决问题了！

四、利用自助表进行自我治疗

为了方便在押人员自我调节情绪，也可进行书面练习，根据下表要求逐项书面填写，先写出事件 A 和结果 C，然后从表中列出的十几种常见的不合理信念中找出符合自己的情况 B。表中列出的不合理信念中没有符合自己的情况时，则自己重新写出，要求当事人对所有 B 逐一进行分析，找出可以代替那些 B 的合理信念并填写在相应的栏目中。最后一项要填写出你所获得的新的情绪和行为，这样就完成了 ABCDE 的一个自我情绪调节过程。通过在大量场合应用这种办法，调节自己的情绪，逐渐就能控制住自己的不良情绪。自助表如下表 6-1 所示。

五、理性情绪行为疗法小结

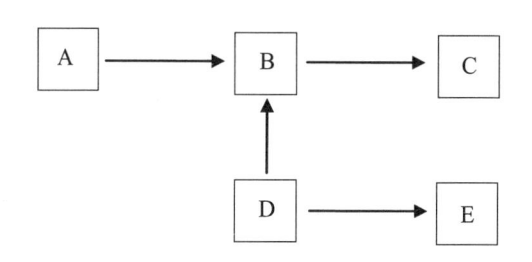

图 6-1 ABCDE 疗法示意图

如图 6-1 所示：

A（诱发事件）：即发生了什么事。

B（信念）：有哪些夸张的、绝对化的、过分概括的、糟糕透顶的非理性信念。

C（后果）：也即是你的情绪体验，如"我感到很抑郁""我感到很焦虑"。

D（辩论）：找到不合理信念后和它辩论，驳斥其不合理性、不现实性，分析你的情绪体验和诱发事件之间的不对称性，找到恰当合适的情绪表达方式。

E（效果）：通过与不合理信念不断辩驳后，你就会形成一种新的价值观，能够用理性信念代替非理性信念，你的情绪"强度"也就会大幅降低，以后处理类似诱发事件也能做到理性处理了，不会再发生因为情绪失控而给你带来损失、后悔或伤害。

表 6.1 理性调节情绪自助表

（A）诱发事件（我感到情绪困扰或产生自损行动之前发生的事件、思想或感受）
（C）后果或情况（在我身上出现的，也是我想要改变的情绪困扰或自损行为）
（B）信念（导致我产生情绪困扰或自损行为的非理性信念）（圈出所有你应用于诱发事件的非理性信念） 　1. 我必须干得棒或非常棒！ 　2. 如果我做事蠢笨，我就是个笨蛋或一无可取的人。 　3. 我必须受到我看重的人的赞赏。 　4. 如果我被人拒绝，我就是个不好的、不可爱的人。 　5. 人们必须公平地待我，必须满足我的要求！ 　6. 行事无德者应该人所不齿。 　7. 别人绝不能辜负我的期望，否则就太可怕了。 　8. 我的生活必须一帆风顺、没有麻烦。 　9. 对糟糕的事和难以相处的人，我不能忍受。 　10. 当遇到重大的不顺心的事时，那是极其糟糕可怕的。 　11. 生活中若遇到的确不公平的事，我不能忍受。 　12. 我必得被我看重的人所爱。 　13. 我必须总是心想事成，否则就必然要感到痛苦伤心。 你补充的非理性信念 　14. 　15. 　16.
（D）辩论（与每一圈出的非理性信念辩论）（如"为什么我必须干得非常棒？""哪里写着我是个笨蛋？""何以证明我必须受人赞赏？"）
（E）有效的理性信念（取代非理性信念的理性信念）（如"我希望干得很棒，但并不是非如此不可。""我是个行动有些差劲的人，但我这个人不是笨蛋。""尽管我喜欢受人赞赏，但没有理由必须如此。"）
感受和行为（我获得了自己的理性信念之后感受到的）

拓展苑

损失与遗憾

有一个老人特别喜欢收集古董,一旦碰到心爱的古董,无论花多少钱都要想方设法买下来。有一天,他在古董市场上发现了一件自己向往已久的古代瓷瓶,花了很高的价钱买了下来,绑在自行车后座上,兴高采烈地回家。谁知由于瓷瓶绑得不牢靠,在途中"咣当"一声,从自行车后座上滑落下来摔得粉碎。

大家猜猜:这位老人是什么反应?如果是你,你会有什么反应?

这位老人听到清脆的响声后,居然连头也没回,继续向前骑车。这时路边有热心人对他大声喊道:"老人家,你的瓷瓶摔碎了!"老人仍然头也不回地说:"摔碎了吗?听声音一定摔得粉碎,无可挽回了!"老人继续骑车前行,不一会儿老人家的背影消失在了茫茫人海中。

如果这事放到一般人身上又会怎么样呢?我想不少人一定会从自行车上跳下来,对着已经化为碎片的瓷瓶捶胸顿足、扼腕痛惜,有的人可能会好长时间难以恢复精神。

每一个人一生中都可能做过一些无可挽回的错事,走一些难以避免的弯路,经历一些难以承受的挫折,这些并不可怕,重要的是这是"过去时"。只要我们从这些错事、弯路和挫折中吸取经验教训,调整航向,面对新的开始,使自己的路越走越宽,我们就会赢得一种新的、更为积极的人生。

(摘自《小故事,大道理全集》,吉林教育音像出版社)

第二节 认识情绪

情绪是心理的外显反应,情绪对人的行为具有重要的影响作用,正确认识并把握情绪,有助于更好地调节自己,保持健康的心理和适宜的行为,避免出现心理问题和违规违纪及违法现象的发生。

一、情绪的分类及其作用

按照通常的说法,情绪可分为正性情绪和负性情绪。例如,勇敢、自信、乐观、愉快、感激、同情、关怀和爱等称为正性情绪,这些情绪就像"发电机",可以源源不断地产生能量,来推动人的各种活动;愤怒、怨恨、抑郁、痛苦、焦虑、嫉妒、羞愧、内疚等称为负性情绪,这些情绪一般都阻止或干扰正在进行的活动,它们与动力情绪相反,是耗损性情绪。负性情绪不仅影响人的心情,而且影响人的身体健康。经常、持久地出现消极情绪所引起的长期过度的神经系统紧张,往往会导致身心疾病,比如,神经系统功能紊乱、内分泌功能失调、免疫功能下降等。

心理学家的大量观察已经证实,情绪对健康长寿有显著的影响,生理学家的观察也表明情绪对人的衰老起着重要作用。长寿学者胡夫兰指出:在一切对人不利的影响中,最能使人短命夭亡的就要属不愉快的情绪和恶劣的心情了。

我们前面曾讲过美国生理学家爱尔马做过的一个实验,很好地说明了不良情绪对身体的影响,与此相反,积极的情绪也能治病。

我国清朝时期有一位巡抚大人得了抑郁症，终日愁眉不展，闷闷不乐，几经治疗终不见效，病情一天天加重。经人举荐，一位老中医前往诊治。老中医望闻问切后，对巡抚大人说："你得的是月经不调症，调养调养就好了。"巡抚大人听了捧腹大笑，感到这是个糊涂医生，怎么连男女都分不清楚，自后，每想起此事，仍不禁暗自发笑，久而久之，抑郁症竟好了。一年之后，老中医又与巡抚大人相遇才告诉了真相——笑声中治好的抑郁症，"笑"就是治疗抑郁症的"药"。

二、情绪具有一定的周期性

由于人类受一定的地球物理周期的影响，生命现象具有明显的时间特点，受光周期、温度、大气波动、天体运动、地球自转、月球引力、宇宙射线、地磁、静电场等影响，人的行为、生理功能，甚至形态结构都不是一成不变的，而是具有一定的节律性。人的情绪、智力、体力以及精神活动都具有周期性的变化规律，这种具有节律周期的规律活动是生命的基本特征之一。据国家有关调查，在农历十五、十六日期间，纵火率比月缺时增加100%，谋杀率增加50%，自杀率也有明显的提高。人从出生那天起，人体生理上有23天、28天、33天三个不同的体力、情绪、智力节律周期。在每个周期的前半周期，人的体力充沛、体轻手巧、情绪乐观，思维敏捷，为人和善，理解力强，受重大冲击时能控制自己；而后半周期为低潮期，一切表现恰好与前半期相反。每个周期的一半称为临界日，出现行为上的危险性最大。即使一天中的24小时之间，人体身心功能也有着明显的变化节律，比如在凌晨4时，血压最低，脑部供血量最少，许多人是在这个钟点死亡的。又比如在上午9时，神经活性提高，痛感降低，心脏开足马力工作等。

三、情绪具有季节性

心理学家和医学家认为,人的情绪与气候有密切关系,特别是当气温超过 35℃,日照超过 12 小时,湿度高于 80% 时,气候条件对人体下丘脑的情绪调节中枢的影响明显增加,导致情绪和认知行为紊乱。国内有学者研究认为,人的情绪与气候有密切关系,尤其在 35℃ 以上的高温高热天气下,人很容易冲动,会莫名其妙地出现情绪和行为异常,这就是所谓的"情绪中暑"。医学上称为"夏季情感障碍"。据有关专家介绍,有 16% 的正常人会因高温而乱发脾气。当环境气温低于 30 度,日照时间低于 12 小时以下,情感障碍症的发生率就会明显减少。日常生活中我们也会发现,随着夏季高温天气的到来,较之秋冬人们更容易产生愤怒、焦虑、急躁等情绪,这些情绪不仅影响到自己的身体健康,而且可能因此影响到与同伴或其他人的关系。

四、天热注意降"脾气"

进入夏季,随着天气越来越热,一些在押人员的脾气也变得越来越大起来,总感到心烦气短、憋闷,遇到一点不顺心的事便容易火冒三丈与人争吵,甚至大打出手,轻者伤了和气,重者导致违规违纪,甚至违法,然后受到处分,后悔晚矣!这与情绪的季节性有关。如何才能控制好自己不稳定的情绪,减少这类现象的发生呢?

在正常情况下,人的生理生化指标、心理状态、情绪和行为是处在一种相对平衡的状态,当客观环境发生了变化,进而引起生理指标变化,如血压升高。生理生化指标的变化又会导致心理状态的变化,如心烦、胸闷等。这些心理状态(心境)表现在情绪上,如烦恼、焦虑、冲动等,当遇到一点不顺心的事时很容易就会伴随不良行为的发生，如说粗话、态度蛮横、骂人，甚至打人等。同样地，当遇到不顺心的事时导致心境变坏，又进一步影响了身体的生理生化指标的变化，两个方面互相促进形成恶性循环，导致了在押人员夏季脾气变坏，容易惹是生非。

被判刑的在押人员在羁押环境下，改造过程中需要不断克服不良行为，消除不健康心理，纠正错误思想，建立守法观念，因此会挫折不断。再加上看守所条件有限，劳动改造任务较重，随着天气变化，心情自然会不好，这也正是夏季在押人员违纪率升高的原因所在。

天热发了脾气虽有客观上的原因，但不管是伤了同一群体中的在押人员的和气，还是导致自己出现了违规违纪，甚至违法行为，对自己来说都是不应有的损失，几乎每一个人对这种后果都会后悔不已。

注意到了这一客观问题，那么在押人员就应该学会控制自己的情绪，减少或杜绝事故的发生。

你应该认识到"脾气"是怎么产生出来的。面对同一件事情，并不是所有的人都和你一样大动肝火，大多数人会用积极的办法进行处理。由此可见你的"脾气"不怨"天"，也不是你所遇到的不顺心的"事情"造成的，"天气"和"事"只是导致你的心境很差，这时在你的怒火爆发以前，你会在内心有一段时间的消极的自言自语：

（1）他竟敢骂我，真混蛋！(这时你的心情会非常气愤)

（2）他凭什么骂我，我无法忍受，也不能忍受！(这时你就产生了报复心理，决定以牙还牙)

（3）他绝不应该骂我。(这时你在没有弄清事情缘由的情况下，在为别人立法：别人不应该如何。然而人无完人，也许他是因为错误的理解才骂了你，也许他和你一样是在心境很坏的情况下才骂了你，但

你并没有客观地分析这些,只是在为自己找报复的理由)

(4) 他骂我,他就应该受到惩罚。(你在开始为报复做准备了)

有了上述的内心嘀咕,甚至几遍的循环反复后,你心中的怒火自然也就螺旋式上升直至怒火冲天发泄出来,造成了不应有的事故和损失。回忆一下,你的怒火是这样发生的吗?别人怎么想,怎么感受,我们无法管,可我们自己的想法和感受是可以由我们自己来掌握、来改变的。前面我们学过埃利斯 ABC 理论,可以自己分析一下自己的愤怒情绪是怎么产生的,看是不是因为人家骂了你,你才做出过火行为的。除了正确理解情绪产生的原因外,当在炎热的夏天,拥挤憋闷的监舍中,在劳动改造的过程中,当你的心情不好时,如果遇到不顺心的事情,要注意自己的自言自语,要变消极为积极,那么其结果就会大不一样的:

(1) 本来心情就不好,要提醒自己不要总发怒。首先,提醒自己不要为不重要的事情发怒。其次,要提醒自己在没有搞清楚事情真相之前不要发怒,因为很多愤怒是由于误解引起的。最后,提醒自己晚一点发怒,毕竟发怒的结果对自己没有任何好处。

(2) 避免使愤怒加剧。人们体验到的愤怒情绪有明显的程度差别,愤怒的程度越重引起不利后果的可能性就越大,因此,要不断提醒自己注意克制愤怒情绪,不要任其膨胀,可以尝试离开冲突情境或使身体放松等。

(3) 不要放任愤怒变成违法行为。如果发现自己有进行攻击行为的苗头就应该立即采取措施防止愤怒情绪引起攻击行为,当愤怒情绪产生时,要询问自己:"为这种事情值得吗?我报复了他,我能得到什么样的好处呢?"

积极的自言自语,积极的预防怒气的措施,将会使你的"气"慢慢地、对你的身心健康有益地、对你的改造生活有帮助地发泄出来。试试吧！这样会使你的改造更顺利，这样会使你的生活更充实，也更有意义！

拓展苑

仇恨袋

"忍一时风平浪静，退一步海阔天空。"这是大家耳熟能详的一句话。其实这句话的实质就是两个字：宽容。宽容可以让心如止水，可以包容一切，也可以化解矛盾，赢得友谊。四川乐山大佛就有这么一副对联，"肚大能容，容天下难容之事；开口一笑，笑天下可笑之人"。

有一个神话说的是古希腊的大英雄海格里斯。一天他走在坎坷不平的山路上，发现脚边有个袋子似的东西很碍事，他踩了那东西一下，谁知那东西不但没有被踩破，反而越来越大，他恼羞成怒，操起木棒就要打，那东西竟然长大把路给堵死了。正在这时，山中一圣人对他说："别打，这东西叫仇恨袋，忘记它，它会小如当初；你侵犯它，它就和你为敌，把路堵死。"

（摘自《小故事，大道理全集》，吉林教育音像出版社）

这虽然是传说，但道理一样。如果我们能从当下做起，宽容地对待别人，就一定会有意想不到的结果。正确地接受别人的批评，冷静地审视自己、反省自己，就会发现别人对自己的批评即使不当，也是出于一片好心。有句话说得好："谁想在遭受厄运时得到别人的援助，就应该在平时宽以待人。"

第三节　常见不良情绪的自我调节

由于被羁押这一人生的重大事件以及面对看守所这个特殊的环境，一些在押人员会表现出种种不良情绪，其中的焦虑、沮丧和愤怒是对在押人员影响最大的三种不良情绪。通过学习理性情绪疗法，大家该如何管理好这三种不良情绪呢？

一、焦虑和忧愁

焦虑和忧愁是一对双胞胎，是新入所在押人员最常遇到的困扰情绪。

我们是怎样使自己焦虑的呢？俗话说："人无远虑必有近忧。"为生活中的琐事担忧本来就是人之常情，比如你面对一个陌生的在押人员，如果你想主动和他说话，可又担心对方不理我怎么办？他要打我或骂我怎么办？在看守所经常有人打架，别人要把我打死怎么办？我刚进看守所不清楚这些规矩，出现了违纪现象怎么办？诸如此类问题都可能会引起焦虑。

是的，进入看守所后你可能也看到或听到过某个在押人员之间打架，其中一个被打伤或打死了，也许你见到过你身边的某个在押人员因违纪被关禁闭，因此你的担心是正常的。但是大多数人都明白一个道理，那就是一件事情会发生，并不代表这件事情就一定发生在我身上或非发生在我身上不可，你也应该明白即使真的发生了，也不是什么大不了的事，也不是什么糟糕透顶的事。因此，大多数在押人员在刚被羁押的羁押生活中或被判有罪而接受改造的生活中遇到挫折时可能会有忧虑，虽然忧虑也有担心的意思，但它和焦虑存在着程度上的极大差别。其实大多数人并没有产生焦虑，但是有个别或少量在押人员面对同样的环境时，虽然也同样存在忧虑，但是渐渐地，他们会因为自己的忧虑而忧虑，而忧虑再加上忧虑，在这种恶性循环的过程中，也就由忧虑变成了焦虑，再进一步把自己稀里糊涂地弄成了焦虑症，以至于最后连基本生活和劳动学习都不能进行。

那么，如何克服焦虑的恶性循环呢？心理咨询师认为，除了要明白焦虑产生的机制外，你如果想针对问题的根源对症下药，你就应说明白，你所需要辨识和改变的，是你自己对焦虑的态度，而不是你所认为的产生焦虑的原因。

首先你要了解焦虑的背后是"不舒服"，还是"糟糕透顶"。如果你把它定义为"糟糕透顶"，那么一切就完蛋了，"天要塌下来了"；如果你认为它是一种"不舒服"，那么你就告诉自己：焦虑会使我感到不舒服、恶心、不自在，但它并不危险，也并非世界末日，自然焦虑也就没有再生存下去的土壤了。当你感到"天要塌下来了"时，你自己可以把"糟糕"这个观念换成"很不舒服"，然后告诉自己：虽然极不舒服，但不至于糟糕。过了这一关以后你再告诉自己：虽然极不舒服，但它并不危险，也算不上特别的不舒服，只是让人感到不舒服、不自在。同时，让你的身体按照你新的定义不断做出反应，那么只要你坚持下去，慢慢地焦虑也就消失得无影无踪了。

总而言之，如果你想要征服对生或死的焦虑，或是克服新环境适应的焦虑，或是消除对期望的焦虑，那么你应该检查你预先给自己的假设，看看你自己的"应当""应该""必须"的背后，都存在着什么样的非理性信念，然后尝试用较轻的词语代替他，这样你就改变了迷信式的想法，你也就能够将焦虑的反应化作积极的思考了。这时你就会大彻大悟："任何所谓的'灾难'，最可怕的地方不在于它本身，而在于你将它的严重性做了过分的夸大，并且笃信不疑。"明白了这样的道理，那还有什么可焦虑的呢？对于正常的焦虑反应，理性地去了解引起焦虑的事件，做到正确评价事件发展的结果，也有助于克服焦虑。

二、沮丧

沮丧也是在押人员中常见的情绪问题，每一个在押人员在羁押过程中都会伴随大量的挫折、逆境、不如意，这时就很容易产生沮丧的情绪。人们之所以会沮丧，主要来自自我贬抑和自哀自怜。

1. 自我贬抑也就是自己看不起自己

人之所以会贬抑自己，常常是因为达不到自己所定的目标造成的。在押人员被羁押，人生的轨迹发生了很大的变化，原有的人生目标，一般来说就很难实现了，由于这个目标不可能达到，而自己又要求自己非达到不可，那只能沮丧了。即使入所后重新修正了自己的目标，要么不现实，要么是以别人已做出的成效预设成了自己的目标，会认为既然别人能做得很好，我为什么做不到，那么这个时候你就会处处碰壁，处处受挫折。想想，你在这种经常面对失败的情况下会是什么感受呢？你也许会难过，也许会非常失望，甚至感到悲哀，但那也到不了自杀的地步呀！有的人依然觉得自己一无是处，最终还是走上了自杀的道路。

为什么会走上自杀之路呢？用埃利斯的情绪纷扰 ABC 理论，我们来分析一下：A 是你遇到的失败和挫折，C 是你消极悲观的情绪——沮丧、抑郁，最后导致你去自杀，B 呢？——"我应该获得……""我完了""我真是个废物，活着还有什么劲呀！"那么我们来分析这种信念的非理性。

第一，你的愿望也好，目标也好，能否实现并非以你的意志为转移，如果能够实现当然好，可是事情并不会因为你强烈地想要得到它，它就被你得到！有的人还想当联合国秘书长呢！可是当不上又能怎么样呢？也不至于天就塌下来了吧！

第二，这一次目标没能实现也不是世界末日，只能是这一件事情没有做好，并不代表你这个人就什么事也做不成了呀！沮丧不仅使你失去这次机会，更会使你失去以后的机会！

第三，你越是把自己看成一个一无是处的人，不但现在如此，将来亦然，你会利用持续的失败作为证据，证明你第一次失败后，就已经变成一个废人了，那么这种想法就会不断地缠着你，使你打消努力改进自己的意志，恶性循环的结果只剩一条路了——自杀。

再回过头来说，"人除死外无大事"，连死都不怕了，还有什么克服不了的困难吗？看到了这些非理性的信念，自己就要勇敢地驳斥它，换一些更轻松、更理性的词或句子代替那些非理性的信念。比如，"这次失败只代表一次，以后这样的事还多呢，下次会成功的！""我以前做成过许多事情，这次失败并不代表我就一无是处了，以后还有更多机会呢！""也许我对自己的要求太高了，降低标准我会实现自己的目标的！"如果你坚持驳斥你的各种自暴自弃、自我鄙夷的想法，那么，久而久之，你就会有一种更广阔的视野，一种新的理念，使你的情绪和行为产生一种新的变化，面貌也会焕然一新，这就是我们前面说的 E，那时你再回头看看,你曾经有过的自杀行为或想法是多么幼稚可笑呀!

2. 自怜

自怜通常都是发生在一些痛苦的遭遇之后,比如在看守所羁押期间妻子提出离婚、亲人亡故等。人一沮丧,他的想法会是:"为什么这事摊到我身上呀?这种生活多么残酷呀!我再也不会有什么快乐可言了!""生活真苦呀!""我无法忍受他了!""我真可怜啊,我不合乎理性的意念就往往成为必然的结果,接着就只有自暴自弃了。"那么,这时你就要用情绪纷扰的 ABC 理论来剖析自己的非理性信念了,找出使你陷入沮丧的真正原因,坚决地驳斥它,这时你就会发现无论你前面的道路上有多少障碍,有多少困难,这些理性的信念都会帮助你活得充实,活得快乐!如果你已经产生了轻生的想法,千万不要轻举妄动,你在无力进行自我剖析的情况下,可以及时找看守所干警寻求心理帮助。我相信一个人绝没有任何理由看轻自己的生命。此外,如果你正处在沮丧之中,你的思想就不可能清楚,也不可能理性,在这种情况下,如果你贸然寻短见,你就可能犯一个错误,一个一旦犯下就永远再没有机会更正的错误!你不妨好好想想这么做的代价。一旦你从沮丧中站了起来,你将重新看到生命的价值。

三、愤怒

不能有效控制愤怒是许多人越轨行为出现的原因,也是很多在押人员适应不良或再犯罪产生的重要因素,因此正确理解怒气产生的机制,并学会加以控制,是防止在押人员适应不良或违规违纪,甚至再犯罪的有效措施。

愤怒是什么？愤怒是拿别人做错的事来惩罚自己。从埃利斯 ABC 理论我们知道，人们之所以会愤怒并不是由旁人或环境引起的，而是源于人的认定系统，通过运用埃利斯 ABC 的架构来辨认自己是什么样的观念引发了怒气，并针对这种观念所引发怒气的那些因素加以驳斥，一直到将他们抛弃，并代之以更现实、更理性的观念和态度时，你就掌握了一套有效控制自己愤怒的方法。

愤怒的控制要经过平常生活中加以练习，才能养成习惯，才能真正建立起一套理性对待愤怒的信念系统，建议你采取如下做法加以练习：

静心详细回忆过去你个人所经历到的使你怒火中烧的冲突事件，想象你的怒火已达到了极点，你的情绪已经沸腾，预备将所有能够使用的字眼一股脑地倾倒在给你带来怒气的人身上，想象你自己心中充满了敌意，并随着怒火的上扬，心情也产生了极度的不快，这时你的血压升高，身子发抖，准备来应对当前的局面。一旦你实际觉察了这种情绪之后，尽全力改变你心中的愤怒，让心情从盛怒、暴怒的状态转变成非常懊恼，而非当初的怒发冲冠、怒不可遏。此时，当时冲突的景象仍然鲜活地保存在你的心中，但这时你的应对措施已经有了很大变化，暴力反击的可能性大大降低了，这就做到了你对情绪的有效管理。

要控制这种情绪的转变一般是有些难度的，但你还是应当坚持到成功为止，掌握了这项技术对你的一生都有好处。怒气存在着各种轻重程度，从轻微不满、生气、激愤到懊恼、暴怒等，然后你再让自己回到生气的情境以后，逐渐向轻的程度转化，进行反复练习。一旦你成功地将自己推向了仅仅只会恼怒和不快的境地之后，再回想一下你在自己脑海中所做的事情,让这些新而合宜的感受成为你的一部分,你会体会到你的信念系统 B 已经被你所改变,而最终,你也将会改变你在 C 的感受。

仔细回想一下在这个过程中,你都告诉了自己一些什么。记住你的这种感受是由你创造出来的,它掌握在你的手中,它不是无缘无故生起,又无缘无故消失的。由于你的感受是由你自己创造出来的,所以它可以由你来改变。这时你已经达到了我们所说的 E,你已经掌握了一套更现实、更理性的解决问题的技术了!

但是在你没有学会这种控制愤怒情绪的办法之前,出现了暴怒这种不可控制的局面怎么办呢?还是那句话:要冷静!重要的不是用脑袋撞穿墙壁,而是用眼睛找到门。这里告诉你一个简便易行的临时控制措施:

首先,在觉得怒不可遏时,要提醒自己不要发怒。一是提醒自己不要为不重要的事情发怒;二是提醒自己在没有搞清楚事情的真相之前不要使怒气爆发;三是要提醒自己晚一点发怒。

其次,避免使愤怒加剧。人们体验到的愤怒情绪是一个积累加剧的过程,愤怒的程度越重,引起不良后果的可能性就越大,因此在怒气发生的初始阶段就要注意克制不任其膨胀。此外,也可离开发生冲突的场地,"先把泥点晾干",避免冲突加剧,然后再处理这件事。

再次,避免长时间的愤怒。可通过聊天、谈心或其他方式宣泄出不良情绪。

最后,不要听任愤怒变成攻击行为。当产生愤怒情绪时也要提醒自己:"为这种事情生气值得吗?""我打了人,我也得受处分呀!"如果发现自己有进行攻击行为的苗头,就应该立即采取措施防止愤怒情绪引起攻击行为。

莎士比亚说过："世事无好坏，思想使之然。"中国有句古语："天下本无事，庸人自扰之。"对照自己的不良情绪，认识到这是自己的非理性观念作怪的结果，那么你的坏情绪就已经向积极的一面转化了。

拓展苑

困境即是赐予

一个障碍，就是一个新的已知条件，只要愿意，任何一个障碍，都会成为一个超越自我的契机。

有一天，素有森林之王之称的狮子，来到了天神面前："我很感谢你赐给我如此雄壮威武的体格、如此强大无比的力气，让我有足够的能力统治这整片森林。"

天神听了，微笑地问："但是这不是你今天来找我的目的！看起来你似乎为了某事而困扰呢！"

狮子轻轻吼了一声，说："天神真是了解我啊！我今天来的确有事相求。因为尽管我的能力再高，但是每天鸡鸣的时候，我总是会被鸡鸣声给吓醒。神啊！祈求您，再赐给我一个力量让我不再被鸡鸣声给吓醒吧！"

天神笑道："你去找大象吧，他会给你一个满意的答复。"

狮子兴冲冲地跑到湖边找大象，还没见到大象，就听到大象跺脚所发出的"砰砰"响声。狮子加速跑向大象，却看到大象正气呼呼地直跺脚。狮子问大象："你干什么发这么大的脾气？"大象拼命摇晃着大耳朵,吼着:"有只讨厌的小蚊子,总想钻进我的耳朵里,害得我都快痒死了。"

狮子离开了大象,心里暗自想着:"原来体型这么巨大的大象,还会怕那么瘦小的蚊子,那我还有什么好抱怨呢?毕竟鸡鸣也不过一天一次,而蚊子却是无时无刻地不骚扰着大象。这样想来,我可比它幸运多了。"

狮子一边走,一边回头看着仍在跺脚的大象,心想:"天神要我来看看大象的情况,应该就是想告诉我,谁都会遇上麻烦事,而他并无法帮助所有人。既然如此,那我只好靠自己了!反正以后只要鸡鸣时,我就当鸡是在提醒我该起床了,如此一想,鸡鸣声对我还算是有益处呢。"

(摘自《小故事,大道理全集》,吉林教育音像出版社)

第四节　在押人员常见问题的解析

在押人员在羁押期间经常会被一些重大生活事件所困扰，而自己又无力解决这些问题，面对这些困扰，很容易引起一些情绪问题，甚至由此导致心理障碍或各种各样的抗改行为，结果得不偿失。正确认识并理性处理好诸如离婚、亲人亡故、改造压力、挫折以及人际关系等问题，有助于被判刑的在押人员更好地投入到改造生活中来，避免影响改造成绩和改造进程中发生负面事件。

一、离婚

离婚也就是家庭的破裂。心理学家对家庭的定义是：在现代社会里，家庭是个体合情、合理、合法地满足三种基本需求的特殊社会功能组织。如果能满足这三种基本需求，家庭则存；如果不能满足，家庭则亡或名存实亡。这三种基本需求也可理解为：情爱、理解、互相依附。那么爱情则是男女双方相互依存和性、情互相给予并彼此理解和接纳的过程。失去了爱情的基础，也就失去了家庭存在的条件，那么离婚也属一种正常现象了。这也正是当今社会离婚率高的原因之一。

离婚率高与人们价值观对家庭的认识发生变化也是有关系的。在中国旧社会，甚至在 19 世纪 70 年代及其以前的时间里，人们的价值观、人们对家庭的定义不是现在的样子，所以那时的离婚率很低。当然离婚率低也并不一定是什么积极的社会现象，因为那时受价值观的约束，虽然"家庭"中应具备的三项基本需求有些得不到满足，但也不能离婚，这本身反倒会给人带来一生的痛苦。

在押人员自被羁押开始，许多中青年在押人员存在着离婚的困扰，虽然妻子尚未提出离婚，但心里一直战战兢兢的，生怕这一天的到来。一旦这一天真的来了，心里更加痛苦。个别在押人员会由于这种消极情绪影响了自己的认罪服法或导致心理疾病，因此，在押人员要正确地认识并理性地处理"离婚"这一问题。

1. 爱人的心理

在押人员被羁押后，他们的爱人的心理发生了哪些变化呢？他／她在认知上会把自己定义为"一个在押人员的家属"，这一定义对他／她来说意味着什么？每个人心理都非常清楚，在情感上他／她缺乏了沟通的渠道，天天面对的是自言自语式沟通；在行为上更加小心，挫折感和他人的歧视随处可见；在生理上丧失了一个人的基本需求；在经济上背负着沉重的包袱，压力大了数倍，同时还要独自承担起抚养子女的责任。这时的子女由于成了"单亲家庭"、由于成了"在押人员的子女"，抚养起来更加艰辛。自你入所后你考虑过爱人心理的变化和需求吗？

2. 在押人员的心理

在押人员入所后非常担心的事情之一就是怕爱人提出离婚，而且这种担心会非常强烈。这时，你就很容易把妻子变成你的私有财产、变成你身体的一部分。你在对待妻子提出"离婚"上就变得非理性了，那些"必须""应该"等词汇就会进入你的大脑。这时本有可能不离婚的，也得离婚了。因为在这种非理性观念支配下，你已经不能正确地表达你的"爱"了，或者你对妻子表达出自己的"爱"难以理解，更多的是一系列非分要求。未被理解的"爱"绝对不会化作"情",最后双方都会感到对方冷漠无"情",在这种恶性循环之下,不离婚还有什么结果呢?

3. 维持婚姻的技巧

虽然在押人员的离婚率较社会更高一些,但是也并不是所有人都会离婚,离婚的仍然是少数,那么,如何尽可能避免离婚呢?

(1)消除对"离婚"的非理性信念,理性地看待这一问题,正确地表达你的爱。

(2)在理性的基础上学会与爱人沟通的技巧,要避免"我对,你错"式的谈话,充分理解爱人的心理,尊重他的感情,使爱人不断看到希望,用你的实际行动一点点给爱人卸掉思想包袱。

(3)要理性地看待问题,避免使你们双方的感情步入恶性循环的轨道。

(4)孩子是夫妻、家庭不发生破裂的重要纽带。在中国传统文化下,在东方价值观下,孩子往往是很多家庭维系的基础,作为在押人员要多运用这一纽带,尽可能避免离婚。

4. 正确面对离婚

近年来,中国的传统文化和价值观受西方文化的冲击越来越重,这才导致中国的离婚率不断攀升。离婚是一种社会现象,越来越多的人对离婚这一现象表现得能够接受,不再有大惊小怪。

一些在押人员无力做到维系家庭、维系爱情,却在非理性的信念之下强迫自己做那些做不到但又"必须做""应该做"的事,其结果是不仅自己给自己带来无限的痛苦,同时也给爱人带来痛苦,这是很不明智的事。笔者倒是觉得名存实亡的婚姻,比如那些明显地感到对方心里已经没有了自己,即使偶尔来探视也只是一种象征意义,甚至根本都不来探视,已经没有了夫妻之间的情感,那么这样的婚姻早离比晚离要好。少一分没有意义的牵挂,反倒多了一分轻松。爱人心里已然没了自己的位置,我们为什么还非得要把他／她存在自己心里呢?既然人家已经提出了离婚,而且去意已决,那我们有什么必要去坚决不同意呢?更有甚者,对方提出离婚反倒把自己气得了不得,大打出手,伤害了别人也伤害了自己,弄不好会生很长一段时间的气,甚至做出一些于事无补的蠢事来,又何必呢?对于那些名存实亡、自欺欺人、毫无价值的婚姻,我们动这么大的气去维持它,就是拿别人的过错来惩罚自己。

笔者不希望任何一个在押人员离婚,但作为一个理性的人,也不反对那些名存实亡的婚姻解体。希望你们也能理性地面对这一问题,换位思考,站到爱人的角度去理解他们的痛苦、他们的困难,以及离婚给他们和自己的人生带来的益处,这会使你更理性地面对离婚这一问题。

二、改造压力

承受压力的能力因人而异,即使同一个人不同的身体状况或心境状况,其承受压力的能力也不同。在押人员面临着诸多的生活逆境、内心的矛盾冲突,因此压力较常人会更大。正确理解和化解这些压力,有益于身心健康,有益于更好地投入到改造过程中来。

1. 压力的来源

压力是现实生活要求人们去适应的事件，这些事件导致人们适应不良从而形成压力，在押人员的压力源主要体现在：

（1）生物性压力：如身体疾病、性的剥夺等。

（2）精神性压力：这是一组直接阻碍和破坏正常精神需求的内在和外在事件，包括错误的认知、个体的不良经验、道德冲突、不良需求以及长期生活经历造成的不良个性心理特点（如易受暗示、多疑、嫉妒、自责、悔恨、怨恨等），一些人对自己的未来因此而丧失信心。

（3）环境压力：如人际关系紧张、挫折、重大生活事件（离婚、亲人亡故等）、刑期长、减刑慢等。

2. 压力形成的原因

之所以大多数人面对同样的改造压力并没有形成心理问题或抗改行为，这主要要从压力形成的原因说起。有了压力源，并不一定形成压力（超负荷的压力），这是因为压力并不是直接由压力源引起的，而是对压力源的认识及反应不同，才出现的不同结果。我们用"ABC 理论"很容易看清压力形成的机制，这个问题留给有压力的在押人员自己去剖析。

3. 压力的后果

我们知道一个体形硕大的骆驼，不断给其背上加压，最后把它压倒的是一根稻草，即"压倒骆驼的最后一根稻草"。它背不动一根稻草吗？显然不是，是它压力承受到极限以后，只差这一根稻草了，所以它趴下了。在在押人员的羁押生活中，有些人由于缺乏化解压力的技能和方法，因此压力不断加大。压力本身不用新的压力源还会自我加大，即恶性循环式膨胀，总有一天也会把你压趴下的。

其结果有三：一是导致心身疾病；二是出现心理疾病；三是出现抗改行为。这三种结果我们每个人都不希望看到。那么，应如何有效化解压力呢？

4. 压力的化解

在押人员压力的形成主要是由一件件事件形成的压力叠加而成，或者是某一件重大事件形成压力后，压力本身变成新的压力源进一步加大压力，不断叠加、恶性循环而形成的。因此这就要求在押人员正确认识压力，面对现实——不管承认也好，不承认也好，接受也好，不接受也好，压力源已经出现在了你的面前。因此一旦产生了压力，在押人员应侧重从以下几方面及时化解自己的压力：

（1）注意防止诸多压力事件形成叠加压力。压力源一旦出现要及时化解，比如弄清事件形成的原因，分析自我改进的措施或消除压力源的方法，也可及时找比较要好的人谈谈心或者到看守所心理宣泄室把这种压力发泄出来，做到一次一解决，千万不能闷在心里。

（2）面对重大压力源，要学会用"ABC理论"剖析自己的不合理信念，并代之以合理信念，防止压力本身进一步形成新的压力源。一旦出现这种恶性的螺旋上升势头要迅速提醒自己："这是一种非理性的信念，我要控制它！不让它成为脱缰的野马来祸害我！"我相信只要你想控制就会有充足的时间控制住它，除非你不想控制。

（3）常想快乐的事。世上不如意事常八九，可与言者无二三，也就是说起码有一二如意事，常想一二，想一想那些快乐的事，去放大快乐的光芒，抑制心底的不快吧！这会有效释放你的压力。

（4）高坚强的个体在面临压力时倾向于采用积极有效的应对策略，如以问题为中心避免压力无限膨胀，或是寻求社会支持；相反，低坚强的人在面临压力时，则倾向于采取回避策略或感情用事。遇事不回避，冷静地想出解决问题的办法，是化解压力的有效途径。

（5）感觉压力过大不能自我控制时，应及时提出申请到看守所心理咨询室进行心理咨询或向干警寻求帮助，要坚决防止它使你做出傻事来。

三、人际关系紧张

在押期间，由于经历了身份和处境的巨大变化，一些在押人员很容易产生消极悲观的情绪。也可能是由于缺乏正确的人际沟通技能，多数在押人员往往在人际关系方面产生很多问题。在押人员的人际关系问题涉及在押人员之间，在押人员与监狱警察之间，与亲戚、朋友之间，与其他司法人员之间等，这些人际关系方面的问题对在押人员造成困扰。

人际关系问题对于每一个人来说都是十分重要的。可以说人际关系问题是许多心理疾病产生的根源，是许多越轨行为发生的基础，更是大部分在押人员适应过程中的主要问题。因此，它不仅是影响在押人员生活的大问题，也是心理咨询中遇到最多的问题之一。

1. 在押人员人际交往中常见的心理误区

（1）与看守所警察之间的关系。大多数在押人员还是相信管教警察苦口婆心的教育、以情感人的挽救，这些教育和挽救行为是希望把大家改造成为受社会欢迎的人。但也有一部分在押人员对与警察的交往存在着各种各样的顾忌，这些顾忌影响着他们正常的人际关系，甚至产生各种各样的抵触情绪。其主要表现有：

一是人为地把与警察的关系定义为"对立"关系，认为只存在惩罚与被惩罚的关系，这样的关系不可能有沟通，只能互相越来越不理解，其结果可想而知。为什么这是一个误区呢？首先，你对这种关系的定义是错误的，自我设限使你失去了交往的基础。任何一个作为个体之一的警察都不会对你惩罚，对你实施惩罚的是法律，因此，你所理解的是不当的定义；其次，你在看守所中最主要的任务是接受审查和审判，改造的目的是使你成为一个不再犯罪的人，因此，警察所做的各项具体的工作对你来说是一种助人的行为。只有你进步了，警察心里才会高兴，在这一点上警察和大家的目标是一致的。

二是把个别低素质的警察及警察的消极方面产生的影响给予了过分夸大，这和你的心境是有直接关系的。首先，人无完人，警察也是一样，你在消极心态之下，往往看到的是他人的消极方面，甚至有时本是积极的方面，在你看来也成了消极的；其次，五个手指都不一样齐，警察队伍也是一样。当然你所认为的"低素质警察"在警察队伍中也是极少数的；最后，由于看守所警察长期从事管教工作，形成一定的"职业病"，比如说话易用命令的口气，要求严格等。这些不怨他们，这是这种职业特点造成的。因此，在与警察的交往中要理性看待、客观评价。警察是在押人员为人处世的样板，但不能看成每个警察的每个方面都是样板。用一种积极的心态去看他们身上的优点，你就会很快步入改造的正轨，否则你就陷入了非理性信念的旋涡了。

(2) 与其他在押人员之间的关系。在押人员之间的交往是大家最经常也是最容易出现问题的方面，是影响人际关系很重要的因素。打架斗殴、互相猜疑、互相下绊等现象是比较频繁发生的。其消极的后果对每一个人都没有好处，甚至有的人因此诱发了神经症或精神病。之所以出现这些问题，是因为你在心里有一个假设"他太坏"，并因此不敢和他打交道或者打交道时采取的方式不健康，久而久之，这个团体的交往就变得不健康了。大家可以静思一下自己，"每一个人都有健康向上、自我实现的愿望"，这句话对每一个在押人员都是适合的。只是一些长期形成的消极价值观及为人处世的态度使一些人交往起来变得困难了，只要用一颗平常心去对待别人，那么，你就会在人际交往中寻到快乐和支持。

（3）与亲人、朋友的关系。入所后亲人还是你的亲人，原来社会上的真正的朋友仍然是你的朋友，在与他们的交往中，如来探视或书信、电话联系时，应理解他们对你的期待。要知道这些期望不能实现，他们会是怎样的一种心情，自己应如何做才能实现他们的期望。只有这样，你与亲朋的交往才是健康、理性的，你才会找到依托，才会享受亲朋之间的快乐。现实中，有些在押人员往往并不知道这些，入所后对亲朋要求多、埋怨多，有时导致亲朋对你不理解，甚至伤心失望，使你失去了亲情感，导致情绪低落。

不管与谁交往、交往是人的基本需要，没有健康、理性的交往，会使人产生各种心理问题或抗改行为，但是交往是需要技巧的。

1. 交往的技巧

人们之间的交往存在着价值观、道德观的内容，这是交往的基础，只有在这个基础上运用一定的交往技巧或原则，才能获得更好的沟通效果。

（1）学会宽恕才能懂得交往。凡事不要斤斤计较，每一个人都会犯错误，但并不是每一个人主观上都愿意犯错误、都喜欢犯错误。

（2）做君子不做小人。君子成人之美，不成人之恶，小人反之。有德才有朋友。

（3）即使不能雪中送炭，也不要雪上加霜。你帮助了别人，在你有困难的时候别人也会帮助你。

（4）不念旧恶，退后一步天地宽，没有永远的朋友，也没有永远的敌人。

（5）做人要有同情心，培养和建立同情心是许多在押人员必须要做的，只有这样，才能消除反社会观念，才能和别人进行良好沟通。

（6）要勇于承担责任。逃脱责任、推卸责任不是一个人应有的担当。

（7）切忌夸夸其谈、锋芒毕露；打人不打脸，骂人不揭短。

（8）学会点幽默，幽默是良好沟通的润滑剂。

（9）寻找谈话的时机和兴趣，只有合适的时机，共同的话题，才有沟通的基础。

（10）摆脱心灵的枷锁，勇敢地进行交流。

拓展苑

苏格拉底与失恋者的对话

苏（苏格拉底）："孩子，你为什么悲伤？"

失（失恋者）："我失恋了。"

苏:"哦,这很正常。如果失恋了没有悲伤,恋爱大概也就没有什么味道。可是年轻人,我怎么发现你对失恋的投入甚至比对恋爱的投入还要倾心呢?"

失:"到手的葡萄给丢了,这份遗憾,这份失落,你非个中人,怎知其中的酸楚啊!"

苏:"丢了就丢了,何不继续向前走去,鲜美的葡萄还有很多。"

失:"我要等到海枯石烂,直到她回心转意向我走来。"

苏:"但这一天也许永远不会到来。"

失:"那我就用自杀来表示我的诚心。"

苏:"如果这样,你不但失去了你的恋人,同时也失去了你自己,你会蒙受双重的损失。"

失:"踩上她一脚如何?我得不到的别人也别想得到。"

苏:"可这只能使你离她更远,而你是想与她更接近的。"

失:"你说我该怎么办?我是真的很爱她。"

苏:"真的很爱?那你当真希望你所爱的人幸福?"

失:"那是自然。"

苏:"如果她认为离开你是一种幸福呢?"

失:"不会的!她曾经对我说,只有和我在一起的时候,她才感到幸福!"

苏:"那是曾经,是过去,可她现在并不这么认为。"

失:"这就是说,她一直在骗我?"

苏:"不,她一直对你很忠诚。当她爱你的时候,她和你在一起,现在她不爱你,她就离去了,世界上再没有比这更大的忠诚。如果她不再爱你,却还装得对你很有情谊,甚至与你结婚、生子,那才是真正的欺骗呢。"

失："可我为她投入的感情不是白白浪费了吗？谁来补偿我？"

苏："不，你的感情从来没有浪费，因为在你付出感情的同时，她也对你付出了感情，在你给她快乐的时候，她也给了你快乐。"

失："可是，她现在不爱我了，我却还苦苦地爱着她，这多不公平啊！"

苏："的确不公平，我是说你对所爱的那个人不公平。本来，爱她是你的权利，但爱不爱你则是她的权利，而你却想在自己行使权利的时候剥夺别人行使权利的自由。这是何等的不公平！"

失："可是你得看明白，现在痛苦的是我而不是她，是我在为她痛苦！"

苏："为她而痛苦？她的日子可能过得很好，不如说是你为自己而痛苦吧。明明是为自己，却还打着为别人的旗号。"

失："依你的说法，这一切倒成了我的错？"

苏："是的，一开始你就犯错。要知道，没有人会逃避幸福。"

失："可她连机会都不给我，你说可恶不可恶？"

苏："当然可恶。好在你现在已经摆脱了这个可恶的人，你应该感到高兴，孩子。"

失："高兴？怎么可能呢，不管怎么说，我是被人给抛弃了。"

苏："被抛弃的并不是就是不好的。"

失："此话怎讲？"

苏："有一次，我在商店看中一套高贵的衣服，爱不释手，店主问我要不要。你猜我怎么说，我说质地太差，不要！其实，我口袋里没有钱。年轻人，也许你就是这件被遗弃的衣服。"

失:"你真会安慰人,可惜你还是不能把我从失恋的痛苦中引出。"

苏:"时间会抚平你心灵的创伤。"

失:"但愿我也有这一天,可我的第一步该从哪里做起呢?"

苏:"去感谢那个抛弃你的人,为她祝福。"

失:"为什么?"

苏:"因为她给了你忠诚,给了你寻找幸福的新的机会。"

(摘自《小故事,大道理全集》,吉林教育音像出版社)

第五节　自我调节小方法

本节介绍一些自我调节的小方法，供在押人员在羁押生活中出现心理或情绪问题时用来自我调节。

一、自我反省法

被判有罪的在押人员处于安静的、与外界隔离的环境中，可在夜深人静时躺在床上"扪心自问"，反省自己的罪行和错误，领悟自己罪错的严重性，思考改造方法，从而达到心理转变，达到自我心理矫治的目的。我们常说："做了错事，晚上躺在床上，摸着胸口想一想"，自己与一个真实的自我进行沟通，与一个"自我实现、自我成长"的"我"对话，在内省中良心的发现，实现自动悔改，完成精神改善。

在自我反省中，可围绕以下线索进行深入的思考：

第一，回忆自己一生中最难忘的人，包括自己的配偶、子女、父母、兄弟姐妹、老师、同事以及在你人生中的某个时刻曾对你有过重要积极影响的人。

第二，回忆自己一生中难忘的场面，重温自己在那些场面曾有过的美好体验。

第三，回忆自己曾经有过的美好生活和自豪感、进取心等。

第四，回忆进行犯罪活动时自己的心理体验和被害人的反应，恰当客观地估计犯罪行为给自己和被害人带来的损害和伤害。

第五，设想被害人在遭受犯罪行为侵害之后的不幸生活等，从而抚今追昔、相互比较、深刻反省自己的罪行，同时在心里暗示，给自己真诚改造、奋发向上的勇气和信心，实现心理上的转化。

二、暴力倾向的自我矫治训练

情绪不稳、易失控的人，在日常的人际交往中经常采用暴力解决问题的在押人员，因为你的暴力，你一生中会后悔许多次，你的暴力行为会让你承担起巨大的不良行为后果。具有暴力倾向的在押人员，可尝试从下面几个方面做起，来控制和改变自己的坏脾气：

第一，当你经过一段时间的情绪压抑，感觉快要爆发时，要及时申请到看守所心理咨询室寻求专家对你的帮助，这样可避免你做出不该做的蠢事来。

第二，当你在发脾气的时候，尽可能地提醒自己使用言语来表达自己的情绪和感情变化，而不要使用暴力行为。

第三，在进行冲动性暴力行为之前，要提醒自己考虑后果，提醒自己还有更多更好的办法比暴力解决的结果更好。要提醒自己暴力行为既可能导致他人受伤，更可能导致自身受伤。

第四，要充分认识和掌握自己的情感变化，特别是掌握愤怒情绪变化的机制和规律，学会控制技能，而不是简单地体验这种情绪或者听任这种情绪支配自己的行为。

第五，要学会体验当你的暴力行为发生后，被害人的情感和行为反应会是怎样的。要权衡问题的大小与解决问题的手段之间的利弊关系，避免由一件很小的事酿成大的事故。

三、代币自我矫正

代币自我矫正法是指利用分数或筹码代替现实奖励，来逐步培养自己形成良好的行为习惯、消除不良行为习惯的一种自我矫正方法。

具有不良行为习惯的在押人员可自己制作一个笔记本，每天为自己的行为作记录。

记录方法如下：每天当自己有不良行为动机时，每控制住一次，奖励自己一个"★"，每采取一次良好的行为代替不良行为记"10分"，每出现一次不良行为记"-10分"，并将每次获得的"★"数每月一累计，将获得的分数每月一累计，通过每月你累计的"★"和获得的分数，你会产生一种很强的成就感，并会对自己越来越有信心。这样坚持几年下来，你会发现你已变了一个人，变成一个有修养、有理想、有道德、受人欢迎的人了。这时再看你收获的"★"，那么多的"★"会让你激动不已，你获得的分数也会令你对自己刮目相看。要做到这一点，一是要真正认识到这些不良行为习惯的不受欢迎性、卑劣性；二是要有消除这些不良行为习惯的决心；三是要有持之以恒的毅力。

四、不良性行为的自我矫治

一些因性犯罪或者其他一些在押人员，因为失去自由而长期阻断了性生活，这时性心理的本能冲动会有所反应，有的人会采取一些非理性的行为。明知这些行为是羞耻的，自己心里也非常自责，可总也控制不住，怎么办呢？一方面，希望有这种行为的人能得到看守所心理咨询师的帮助；另一方面，也可采取一些自我矫正的方法。

1. 思维停止法

这是一种让自己停止有害的思维活动，从而控制自己产生不良性冲动的方法。当你有不良性行为的冲动时，要在内心中命令自己坚决停止这种念头："停止这种念头！"用自己的意念或意志力瓦解这种思维活动，用理性来控制非理性冲动，久而久之，就可矫正自己的不良性行为习惯。

2. 思维转移法

在产生可能引起性犯罪行为或不良性行为的念头时，将自己的思维活动转向厌恶性的情境，用它来抵消有害的念头。比如当你对其他人或想象中的对象开始想入非非时，立刻想象一些厌恶性的内容或场景，例如：想象警察正走到你的身后，拍着你的肩膀说："我知道你想要干什么事情，大家都在看着你呢"，这时你的不良性行为念头就会在你意念中的众目睽睽之下烟消云散的。

3. 冲动标记法

有性冲动习惯的在押人员可以自制一个卡片，记录性冲动产生的次数、强度和控制情况。将每次控制冲动的手段及控制这类冲动的困难程度（可用一个"★"到五个"★"作标记），记录在卡片上，当控制住了一次冲动之后，就在卡片上记录下这类冲动的强度（根据强度的大小，可用 1～10 的数字表明其强度），如下表所示：

性冲动标记记录卡

时间	不良性冲动的类型	采取的控制措施	控制的难易程度	冲动强度									
				1	2	3	4	5	6	7	8	9	10

经过一段时间的自我控制以后，你会发现，代表控制难易程度的"★"越来越少（以五个"★"代表起初的最难控制），冲动的强度也在越来越弱，这时你就越来越能够控制自己的不良性冲动了。那些性犯罪心理也就慢慢地消除了。

五、消除恐惧

人们的恐惧从何而来，是先天产生，还是后天形成的？由美国拉特格斯大学基因学教授格列布·米亚茨基领导的一个研究小组发现了人自身存在一种恐惧感基因，它多集中在与包括恐惧感在内的各种情绪相关的脑杏仁核区域。因此，时不时地体验恐惧是我们正常生活的一部分。但是如果经常生活在长时间的恐惧中就会对身体和情绪造成伤害，造成免疫反应能力降低与高血压，还会引起其他疾病。在押人员如何适应新的生活环境，消除不必要的恐惧呢？可尝试下面的方法来消除自己的恐惧：

第一，了解那些令你感到恐惧的事物。半信半疑是造成恐惧的主要原因。加深对自己所恐惧事物的了解，了解它是否真的能造成自己恐惧，了解它的危险性与自己的恐惧感是否相匹配，这样你就朝着消除恐惧的道路上迈出一大步。

第二，如果有什么事物是你害怕尝试的，你应勇敢地面对，看它是不是如你想象中那么可怕。逐渐熟悉令你惊慌的事物，最终会使你逐步克服这种恐惧。比如，你害怕和队长交流，那么你就勇敢地鼓励自己，主动向队长汇报自己的思想，这样就能验证你恐惧的事物是否真的如你所想的那样让人害怕了。

第三，如果有什么事物令你害怕，你可以找一个不害怕这种事物的人，并与此人待上一段时间，当你想克服心中的恐惧时，你可以请其他人待在你身边，这样会有助于你克服这种恐惧。

第四，多倾听人们公开谈论恐惧的事例，并大胆地将自己心中的恐惧说出来，这更有可能帮你消除心中的恐惧。

第五，设计一种自我想象的游戏，如果你害怕当着众人的面讲话，或者你害怕与他犯进行交往，有时这可能是因为你担心他们会对你评头论足。此时，你可以想象这些人全部赤身裸体，而房间中只有你一人穿衣服，你就可以对他们品头论足了。

第六，恐惧是一种简单的情感，如果你依靠自己的力量难以克服心中的恐惧，此时就应向看守所的心理咨询室寻求专业人员的帮助。

六、自我放松训练

对于存在焦虑、抑郁、恐惧等情绪或患有紧张性头痛、失眠症、高血压等心身疾病的在押人员，可申请到看守所心理咨询室进行放松训练达到缓解目的，也可自我进行放松训练，效果一样不错。

放松训练应选择环境安静、光线柔和、气温适宜的场所，训练前可少量进食、宽松衣带、排空大小便，舒适地坐于椅子上，双手放在两腿上,整个身子保持舒适、自然姿势。如果伴有相应的放松指导语和音乐更好,如果没有,那么坐好后在大脑中这样提示自己:"坐好,尽可能使自己舒适,并尽量让自己放松……现在,握紧右拳,把右拳逐渐握紧,继续握紧。"这时你就体会右拳、右手和右臂的紧张感。"现在,右拳放松,右手指放松,右臂放松",然后你体验到这种放松的感觉。然后再重复一次上述动作,再次注意体会其中放松和紧张感觉的不同……下面用左手重复这样做,接着用同样的方法放松面肌、颈、肩和上背部,然后胸、腹和下背部,再放松臀、股和小腿部、脚和足趾。

拓展苑

放松训练基本步骤

(1)握紧拳头——放松——伸展五指——放松。

(2)收紧前臂——放松——收紧上臂——放松。

(3)耸肩向后——放松——提肩向前——放松。

(4)保持肩部平直转头向右——放松——保持肩部平直转头向左——放松。

(5)屈颈使下颌触到胸部——放松。

(6)尽力张大嘴巴——放松——闭口咬紧牙关——放松。

(7)舌头用力抵住上腭——放松——舌头用力抵住下腭——放松。

(8)用力张大眼睛——放松紧闭双眼——放松。

(9)尽可能地深吸一口气——放松。

(10)收紧臀部肌肉——放松——臀部肌肉用力抵住椅垫——放松。

（11）伸腿并抬高 15 厘米至 20 厘米——放松。

（12）紧并挺腹——放松。

（13）伸直双腿，足趾上翘——放松——足趾下屈——放松。

这种自我训练必须要入定、入静，全身心投入其中，并认真体会每一次紧张与放松的感觉；要按顺序，从一部分肌肉训练开始，完成之后，再训练另一部分肌肉放松，最后达到全身放松。紧张时要让肌肉充分紧张起来，避免广播体操式的肢体动作而缺乏心身合一的训练。在押人员也可在夜深人静时躺在床上，按上述步骤进行训练。

七、与不同气质人沟通的技巧

典型的气质类型分为四种，在情绪和行为方式方面以及智力活动方面有不同的典型表现。面对不同气质类型的人，我们应该运用不同的沟通方式，这样才能达到事半功倍的效果，提高我们人际沟通的水平。

1. 胆汁质

胆汁质的人反应速度快，具有较高的反应性与主动性。这类人情感和行为动作产生得迅速而且强烈，有极明显的外部表现；性情开朗、热情、坦率，但脾气暴躁，好争论；情感易于冲动但不持久；精力旺盛，经常用极大的热情从事工作，但有时缺乏耐心；思维具有一定的灵活性，但对问题的理解具有粗枝大叶、不求甚解的倾向；意志坚强、果断勇敢，注意稳定而集中，但易于转移；行动利落而又敏捷，说话速度快且声音洪亮。

胆汁质的人喜欢直截表达自己的想法，不喜欢拐弯抹角，所以他们与别人沟通时往往会令对方觉得过于直截，很"冲"，甚至会出现让人"下不来台"的情况。基于胆汁质人群易冲动、易兴奋、精力旺盛的特点,与这类人沟通应采取"表扬激将,批评冷处理"的方法。这类人由于易激动和急躁,所以当面的表扬、激将能够给他带来极大的动力,促使他做出决定或采取行动,但对于他们的不当做法,应采取"冷处理"的方法。这类人往往好面子,当众批评只会使他产生逆反心理,甚至会自暴自弃。和胆汁质人沟通应尽量使用清晰的语言及表达方式,思路清楚,能顺水推舟。因为他们自身的反应较快,所以不能忍受与反应较慢的人进行长时间的沟通,他们往往会失去耐心。

2. 多血质

多血质的人行动具有很高的反应性。这类人情感和行为动作发生得很快,变化得也快,但较为温和;易于产生情感,但体验不深;善于结交朋友,容易适应新的环境;语言具有表达力和感染力,姿态活泼,表情生动,有明显的外倾性特点;机智灵敏,思维灵活,但常表现出对问题不求甚解;注意与兴趣易于转移,不稳定;在意志力方面缺乏耐力,毅力不强。这类人说话很讲究"艺术",既不主动出击,也不唯唯诺诺。往往采取先听后讲的方法,对接收到的各种信息非常敏感。基于多血质人活泼好动、反应灵敏、心思敏感的特点,和这类人沟通的最好方法是"引蛇出洞,哀兵之计"。这类人不喜欢太过主动、直截的表达,但如果有人能够提个头,他们反而很乐意跟随,既不张扬,也不落后。所以"引蛇出洞"是与之沟通的方法之一。

另外,由于他们心思敏感,心地比较软,所以适当"装可怜,博同情"是达到目的的另一方法。多血质人还有一个行为特点就是:拖拉。他们对于工作的整体控制能力较差,虽然在某一具体任务上能够有较多的作为，但如果没有硬性的时间规定，往往会形成一拖再拖、难以控制的局面。所以，对付这类人，就要采取"激励监督，警钟长鸣"的方法，时刻督促，这样才能使交给他们的工作保质保量地按时完成。

3. 黏液质

黏液质的人反应性低，情感和行为动作进行得迟缓、稳定，缺乏灵活性；这类人情绪不易变化，也不易外露，很少产生激情，遇到不愉快的事也不动声色；注意稳定、持久，难于转移；思维灵活性较差，但比较细致，喜欢沉思；在意志力方面具有耐性，对自己的行为有较大的自制力；态度持重，沉默寡言，办事谨慎细致，从不鲁莽，对新的工作较难适应，行为和情绪都表现出内倾性，可塑性差。黏液质的人喜欢用事实说话，讲究逻辑，做事有分寸，所以，和他们沟通只要能够在一开始做到"以理服人"，就能彻底捕获他们的心。

和这类人沟通不需要很花哨的说话技巧，但需要很实在的沟通内容，他们不喜欢繁复的程序，但要求符合严密逻辑的内容。所以，和他们沟通之前需要做好充分的准备，以应付黏液质人步步为营，考虑大局的气质特征；和他们共事，可以放心授权，他们往往会尽心尽力地把事情做好，并且不需要任何监督和指挥，但是一旦认定了方向，就较少地考虑创新或其他的变化，所以在交办工作之前，双方最好进行一次充分、全面的沟通。

4. 抑郁质

抑郁质的人有较高的感受性。这类人情感和行为动作进行得都相当缓慢、柔弱；情感容易产生，而且体验相当深刻，隐晦而不外露，易多愁善感；往往富于想象，聪明且观察力敏锐，善于观察他人观察不到的细微事物，敏感性高，思维深邃；在意志方面常表现出胆小怕事、优柔寡断，受到挫折后常心神不安，但对力所能及的工作表现出坚忍的精神；不善交往，较为孤僻，具有明显的内倾性。在沟通场合中，他们可能还没开口就脸红了，特别是在面对挑战时，更会令他们感到非常不安。因此和这类人沟通需要格外小心，因为他们敏感的心思往往令人难以捉摸。所以和他们沟通之前，应做好完全的准备，既包括对沟通内容的准备，也包括对这个沟通对象的了解。搞清楚对方的各种喜好，以便在沟通的时候有的放矢地说话，而不要在得罪了对方后才去补救。对这类人的激励应该用温柔表达、婉转表扬的方式。他们不喜欢在大庭广众受到赞扬，这样会令他们感到不安，但含蓄的表达绝对不会影响表扬效果，这正印证了"响鼓不需重锤敲"的道理。同样地，批评也要千万小心，稍稍点拨即可，否则可能对他们是个很沉重的打击。

以上所述的四种气质类型只是理论意义上典型的气质类型，而在实际生活中，大部分人都是混合型。认识气质既是对自己的了解，也是对身边人的了解。气质没有好坏之分，他告诉我们的只是如何去了解他人，以及如何沟通和相处的方法，从而帮助大家更好地适应改造生活，同时在劳动技能的选择上有一定的方向性。

(摘自《大众心理学》2007年第9期)

八、自我暗示

自我暗示主要是通过语言引起或抑制人们的情绪和行为。自我暗示对人的情绪乃至行为有着奇妙的作用,既可用来松弛过分紧张的情绪,也可用来激励自己。当遇到愤怒、忧愁、焦虑、困难、挫折时,运用内部语言默念提醒自己"不要发怒,发怒会使事情更糟""愁也没用,还是面对现实想想办法吧""别人能行,我也一定能行""一切都会过去""别人不怕,我也不怕",这种积极的心理暗示在很多情况下可以调整情绪,使情绪恢复平和、平静、平稳的状态。

拓展苑

自我暗示的力量

美国是移民者的天堂,但天堂里也有数不清的失意者,亨利就是其中一个。

他靠失业救济金生活,整天无所事事地躺在公园的长椅上,无奈地看着树叶飘零,云朵飞走,感叹命运对自己不公。

有一天,他儿时的朋友切尼迫不及待地告诉他:"我看到一本杂志,里面有一篇文章说拿破仑有一个私生子流落到了美国,并且这个私生子又生了好几个儿子,他们的全部特征都跟你相似,个子矮小,讲一口带法国口音的英语。"

"真的是这样吗?"亨利半信半疑,但他还是愿意把这一切当做真的。他掏出口袋里所有的零钱,用汉堡包加一杯可乐招待了切尼。

有很长一段时间亨利总在心里念叨着:"我真的是拿破仑的孙子?"渐渐地,这挥之不去的意念终于使他确信这是一个事实。

于是,亨利的人生被改变了,以前他因为个子矮小而充满自卑,而现在他因此感到自豪:我爷爷就是靠这种形象指挥千军万马。以前他总觉得自己的英语发音不标准,像一个令人讨厌的乡巴佬,现在他却认为自己带一点法国口音的英语悦耳动听。在下决心开创一番事业的时候,因为白手起家,他遇到了无数难以想象的困难,但他充满了信心。他对自己说,在拿破仑的字典里找不到"难"这个字。就这样,凭着自己是拿破仑孙子的信念,他克服了种种困难,最终成为一家大公司的董事长,并且在他经常闲逛的那个公园对面,盖了一幢30层的办公大楼。

在公司成立10周年的日子里,他请人去调查自己的身世,结论是他不是拿破仑的孙子。但亨利并没有因此感到沮丧,他说:"我是不是拿破仑的孙子已经不重要了,重要的是我明白了一个成功的道理:当你相信时,它就是真的。"

(摘自《小故事,大道理全集》,吉林教育音像出版社)

九、深度呼吸训练

通过深度呼吸,使身体各组织器官与呼吸节律发生共振,进而达到放松的效果。这种训练方法简便易行,且不受场所、时间等条件的限制。行、坐、站、卧都可以进行。方法是全身放松,用鼻子深吸一口气,再慢慢地、均匀地呼出。呼气的时候平和而舒畅。可以重复10遍到20遍。然后慢慢闭上眼睛,不去想任何事情,过几分钟就可以做你该做的事情了。

拓展苑

聪明的医生

从前在古代的巴格达有一位妇女,她胖得连走路都成了问题。有一天她决定去看医生,要他给自己开一种减肥药。当她来到了医生的家里,医生招呼她说:"请走近一些。"于是她坐了下来,然后医生问她感觉怎么样。妇女回答说:"谢谢,挺好的,我来的目的是让你为我检查一下。"医生问道:"你哪儿不舒服呢?"妇女答道:"我想让你给我开一种消除我的肥胖的药。"医生听了之后说:"愿上帝帮助你。但是我得先查阅一下预言书,看看哪种药适合你。现在你回家去吧,明天再来听答复。"妇女便立即回家去了。

第二天她又来了,为的是听取答案。医生对她说:"亲爱的夫人,我在书中查到,你7天后就会死去。所以我认为你无须任何药了,反正是要死的人了。"听了医生的这番话,妇女害怕极了。她回到家中不吃也不喝,伤心极了,结果瘦了下来。7天过去了,可她并没有死去。

到了第8天,她依然活着。于是她又去找医生,对他说:"今天已是第8天了,可我并没有死啊。"医生问道:"那你现在是胖还是瘦呢?"她说:"我如今挺瘦的,我对死怕得要命,所以瘦了很多。"医生说:"这就是药——恐惧。"于是妇女高兴地回家去了。

(摘自《小故事,大道理全集》,吉林教育音像出版社)

图书在版编目（CIP）数据

在押人员心理健康指南/吉春华，张洪彬，王健丽主编.
—北京：中国法制出版社，2016.3
ISBN 978-7-5093-7336-1

Ⅰ.①在… Ⅱ.①吉… ②张… ③王…
Ⅲ.①犯罪分子-心理辅导-指南 Ⅳ.①D916.7-62

中国版本图书馆 CIP 数据核字（2016）第 050162 号

责任编辑：陈晓冉　　　　　　　　　　　　　封面设计：蒋　怡

在押人员心理健康指南
ZAIYA RENYUAN XINLI JIANKANG ZHINAN

主编/吉春华　张洪彬　王健丽
经销/新华书店
印刷/三河市紫恒印装有限公司
开本/880 毫米×1230 毫米　32　　　　　　印张/6.5　字数/178 千
版次/2016 年 5 月第 1 版　　　　　　　　　2016 年 5 月第 1 次印刷

中国法制出版社出版
书号 ISBN 978-7-5093-7336-1　　　　　　　　定价：29.80 元

北京西单横二条 2 号　　　　　　　　　值班电话：66026508
邮政编码 100031　　　　　　　　　　　传真：66031119
网址：http://www.zgfzs.com　　　　　　编辑部电话：66054911
市场营销部电话：66033393　　　　　　邮购部电话：66033288

（如有印装质量问题，请与本社编务印务管理部联系调换。电话：010-66032926）